JN000093

はじめての サービス提供 責任者

成美堂出版

CONTENTS

本書について ∷∷∷∷∷∷∷∷∷∷∷∷∷∷∷∷∷∷∷

本書はサービス提供責任者（サ責）の仕事を、初めての方でもわかるようやさしく解説した書籍です。仕事で目にすることの多くなる書式は例を用いて解説し、巻末にはサ責として理解しておくべき資料を掲載しています。

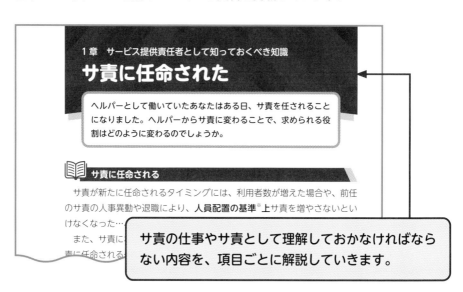

サ責の仕事やサ責として理解しておかなければならない内容を、項目ごとに解説していきます。

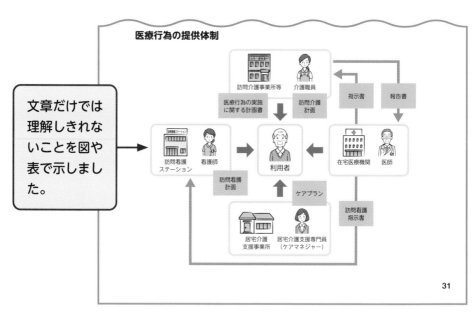

文章だけでは理解しきれないことを図や表で示しました。

先輩サ責からの一言アドバイスです。

医療行為でない行為とは、一般の人が通常行っている、日常生活に必要なケアと考えればよいでしょう。また、「老計第10号」にない行為は、介護報酬の対象とはなりません。

注意しておきたいことや、業務を行う上でのポイントです。

Point

医療行為外の行為

「医療行為ではない」と認められていても、すべてを積極的に訪問介護計画に位置付けなければならないということではありません。ただし、体温や血圧測定は日常的に必要ですし、服薬介助や口腔ケアなどは訪問介護にとって重要なものです。これらの行為はしっかりと技術を修得したうえで、対応することが求められます。

次ページにつづく
医療行為を理解する ——————▶ 29

業務で使用したりケアマネから送付されたりして目にすることの多い書類の例を入れました。

書類の記入で気を付けなければならない点や、どんなことが記載されているかを解説しています。

相談受付票

相談受付票（例）

相談を受け付けた日付と時間を記載します。

記入漏れがあった場合等に確認できるように、受付者は必ず名前を記入します。

● 20×× 年　9月　1日（ 15：00 ）　　　　　　　受付者 ○○

相談手段	☑電話　□FAX　□訪問　□来所 □その他（　　　　　　　　　　）
相談者区分	□本人　□家族等（関係：　　　　　　） ☑居宅介護支援事業所　□その他（
相談者氏名	○△居宅介護支援事業所 訪問　花子　様	電話

まずは、相談手段にチェックを入れます。

可能であればメールアドレスも記載したほうが後々スムーズです。

※本書は原則として、2024年4月現在の情報に基づいて編集しています。

サービス提供に伴う業務の流れ

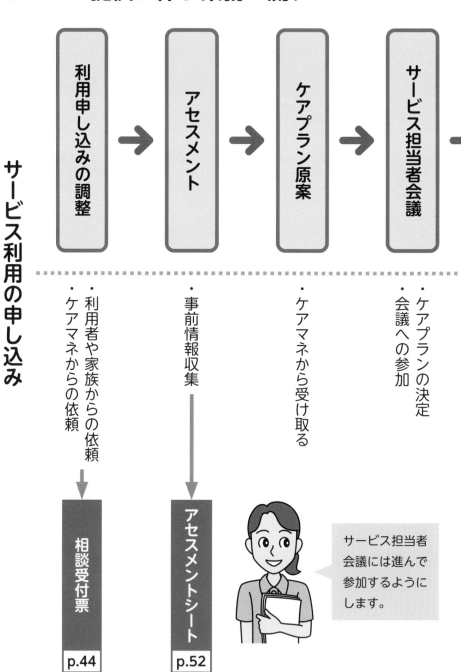

サービス利用の申し込み

利用申し込みの調整 → アセスメント → ケアプラン原案 → サービス担当者会議 →

・利用者や家族からの依頼
・ケアマネからの依頼

・事前情報収集

・ケアマネから受け取る

・ケアプランの決定
・会議への参加

相談受付票 p.44

アセスメントシート p.52

サービス担当者会議には進んで参加するようにします。

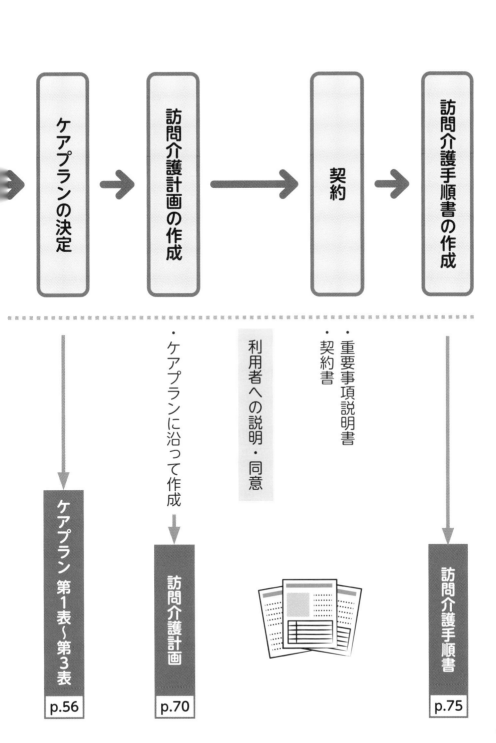

ケアプランの決定 → 訪問介護計画の作成 → 契約 → 訪問介護手順書の作成

ケアプラン 第1表〜第3表　p.56

・ケアプランに沿って作成

訪問介護計画　p.70

利用者への説明・同意

・契約書
・重要事項説明書

訪問介護手順書　p.75

サービス提供の開始

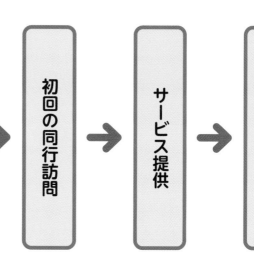

ヘルパーとの事前打合せ → 初回の同行訪問 → サービス提供 → モニタリング

- ヘルパーとの事前打合せ
  - ・訪問介護計画
  - ・訪問介護手順書
  - ・ケアプラン
  - ・アセスメント情報
- 初回の同行訪問
  - ・初回加算
- サービス提供
  - ・サービス提供記録の確認
- モニタリング
  - ・支援経過記録の作成

サービス提供票　p.92
サービス提供票別表　p.94

事前の打合せは利用者の情報を共有するうえでとても大切です。

サ責に任命された

> ヘルパーとして働いていたあなたはある日、サ責を任されることになりました。ヘルパーからサ責に変わることで、求められる役割はどのように変わるのでしょうか。

サ責に任命される

　サ責が新たに任命されるタイミングには、利用者数が増えた場合や、前任のサ責の人事異動や退職により、**人員配置の基準**[※]上サ責を増やさないといけなくなった…、といったケースがあります。

　また、サ責になるには資格要件があり、その資格要件を満たした途端、サ責に任命されるケースも多いようです。

　もちろん大前提として、その人の普段の仕事ぶりが認められているからだということはいうまでもありません。

キャリアのステップアップとして

　ヘルパーからサ責になると、業務の幅は格段に広くなります。そしてサ責は、事業所運営にとってのキーマンとなるため、仕事へのプレッシャーも増すでしょう。ただその分、ヘルパーよりも高い給与が期待できます（p.40）。

　そして2023年12月分の介護給付費等実態統計月報によると、訪問介護事業所は全国で約3万5000もの事業所が運営されています。訪問介護事業所の競争激化が進むなか、今後ますますサービスの質が求められるようになると考えられます。**訪問介護計画の作成やヘルパーの教育係等**も担うサ責は、サービスの質を維持し、高める役割があります。また、サ責は利用者やその家族だけでなく、他の専門職を含めた地域全体に対する**自事業所の信頼獲得のキーパーソン**でもあります。

　サ責は、高齢者の在宅生活に欠かせない訪問介護というサービスを維持し、さらにその可能性を広げるやりがいのある仕事だといえるのです。

用語　**人員配置の基準**　訪問介護事業所の人員に関する基準は、「指定居宅サービス等の事業の人員、設備及び運営に関する基準」（訪問介護の指定基準）（p.138参照）に定められています。

サ責を新たに増やす主な理由

大前提	当該ヘルパーがサ責を任せられるキャリアと資格要件を得たため
その他の理由	・前任のサ責が退職や異動をしたため ・特定事業所加算の取得のため ・利用者数が増えたため　など

サ責の主な資格要件

下記のいずれかを満たす者
・介護福祉士　　　　　　・看護職員（看護師、准看護師、保健師）※
・実務者研修修了者　　　・旧介護職員基礎研修修了者　　・旧1級課程修了者

※都道府県によって取り扱いが異なる

ヘルパーからサ責になることの主なメリット

・給料ＵＰ
　⇒平均で月5万円ほど
　⇒非常勤から常勤になる場合は、社会保険や雇用保険に加入できる
・やりがいＵＰ
　⇒業務の幅が格段に広がる
　⇒地域での信頼獲得や事業所運営のキーパーソンの役割を担う

過去3か月の平均利用者数が41人以上の事業所であれば、
先輩サ責もいます。まずは、先輩サ責の仕事からしっかり
学びながら進めていきましょう。

業務の全体像

> サ責は、訪問介護事業所の利用者が、質の高いサービスを受けられるようサポートします。ケアマネジャー、主治医、関係行政機関など多職種とのかかわりが重要になります。

 サ責の業務

　サ責の業務には、大きく分けて次の「**訪問業務**」、「**書類作成業務**」、「**管理業務**」があります。

主な業務

訪問業務	アセスメント、初回同行訪問、代行訪問、モニタリング
書類作成業務	訪問介護計画の作成、サービス提供手順書の作成
管理業務	利用申し込みの調整、スケジュール調整、ヘルパー等の指導・育成、ヘルパー等の業務管理、苦情・相談対応

 業務の流れ

　ケアマネジャーや利用者からサービス提供の依頼を受けたら、担当のケアマネジャーや主治医から利用者についての**初期情報**※を収集し、利用者の自宅を訪問して**アセスメント**を行います。

　その後、**サービス担当者会議**でケアプランが決定したら「**訪問介護計画**」を作成し、利用者に交付します。担当のケアマネジャーにも提出します。

　そして、実際のサービスを提供するヘルパーのために、サービスの内容や手順をまとめた「**サービス提供手順書**」を作成します。初回のサービス提供時には、ヘルパーと同行し（**初回同行訪問**）、提供内容の確認を行います。サービスの提供開始後、状況に応じ、再度同行訪問を行うこともあります。

用語　**初期情報**　利用者に関する基本情報（要介護度、既往歴、家族関係など）とアセスメント情報（利用者の健康状態、ADL・IADLなど）をいう。

サービス提供開始までの流れ

| サービス提供の申し込み | p.42 |

| 事前情報収集
ケアマネジャーや主治医から初期情報を収集 | p.48 |

| アセスメント | p.50 |

| ケアプラン原案の受け取り | p.56 |

| サービス担当者会議に出席
ケアプラン決定 | p.62〜64 |

| 訪問介護計画の作成 | p.66 |

| 訪問介護手順書の作成 | p.74 |

契約締結後の流れ

| 初回同行訪問 | p.82 |

| サービス提供 |

| 状況に応じ同行訪問 | p.84 |

| ヘルパーによる業務報告 | p.86 |

| モニタリング
定期的なモニタリング | p.88 |

 必要に応じて

| ケアプランの見直し |

 Point

介護報酬の初回加算

初回の同行訪問は、要件を満たした場合、**初回加算**が算定できます。ただし、算定にあたっては、事前に利用者に対し加算内容を説明し、**同意**を得る必要があります。

押さえておきたい最近の制度改正①

2021年度の介護報酬で改定され、2024年度から義務化された事項は、訪問介護では3つあります。必ず押さえておかなければならない重要なものばかりです。

2021年度に改定・2024年度に義務化された3項目

前回の2021年度介護報酬改定において、①**感染症対策の強化**、②**業務継続に向けた取組の強化**、③**高齢者虐待防止の推進**という見直しが決まり、2023年度末まで経過措置が取られ、**2024年4月から義務化**されました。

BCP未策定の報酬上のペナルティには経過措置がある

②業務継続に向けた取組の強化における業務継続計画の策定については、2024年度の介護報酬改定で、感染症BCPや自然災害BCPを策定していない施設や事業所に対して、**基本報酬の減算が導入される**ことが決まりました。どちらか一方しか策定していない場合でも、減算の対象となります。

ただ、サービスによって異なる減算の経過措置が設けられ、通所系、施設系、多機能系、居住系のサービスでは2025年度末までに限り、「感染症対策指針」と「非常災害対策計画」を整備していれば減算を免除することとなっています。

訪問介護などの訪問系や居宅介護支援、福祉用具貸与では、通所系のような条件はなく、少なくとも2025年度末までは減算の対象外となります。「感染症対策指針」の策定が義務化されて間もないことや、「非常災害対策計画」の整備が義務付けられていないことが考慮されました。

2024年度介護報酬改定において、③高齢者虐待防止の推進については、2024年度からその措置が取られていない場合は基本報酬が減算されることとなりました。

2024 年 3 月末で経過措置を終了した主な改定事項

①感染症対策の強化	委員会の開催、指針の整備、研修の実施、訓練（シミュレーション）の実施　など
②業務継続に向けた取組の強化	業務継続に向けた計画（BCP）の策定、研修の実施、訓練（シミュレーション）の実施　など
③高齢者虐待防止の推進	虐待の発生またはその再発を防止するための委員会の開催、指針の整備、研修の実施、担当者の決定

業務継続計画未策定事業所に対する減算の取扱い（予防を含む）

原則減算の対象（25 年度末までの間、感染症対策指針と非常災害対策計画が策定されている場合は減算の対象外）	通所介護（地域密着型と認知症対応型含む）、通所リハビリテーション、短期入所生活介護、短期入所療養介護、特定施設入居者生活介護（地域密着型含む）、小規模多機能型居宅介護、認知症対応型共同生活介護、看護小規模多機能型居宅介護、介護老人福祉施設、地域密着型介護老人福祉施設入所者生活介護、介護老人保健施設、介護医療院
25 年度末まで減算の対象外	訪問介護、訪問入浴介護、訪問看護、訪問リハビリテーション、福祉用具貸与、定期巡回・随時対応型訪問介護看護、夜間対応型訪問介護、居宅介護支援

※居宅療養管理指導については、義務化の経過措置を 26 年度末まで延長。

Point

減算されないからといって、策定義務の経過措置が延長されたわけではありません。2024 年 4 月以降に未策定の場合、運営基準違反となり、**行政指導の対象**となります。

押さえておきたい最近の制度改正②

> 2024年度の指定基準改正や介護報酬改定について、特にサ責にかかわりの深い3点を挙げて説明します。漏れのないよう、理解しておきましょう。

 看取り期における対応を評価

　看取り期（医師が一般に認められている医学的知見に基づき、回復の見込みがないと診断した者）の利用者へのサービス提供は、サ責からケアマネへの報告や相談の増加、サ責と医療関係者との連携強化の必要性の増加といった、通常のサービス提供よりも手順や行為が増えるのが実情です。

　しかし、訪問介護の介護報酬においては、看取り期の利用者へのサービス提供に対して特別な評価はありませんでした。そこで、2024年度介護報酬改定で、特定事業所加算の要件の一つである重度者対応要件に**「看取り期にある者」に関する要件が新たに追加**され、**看取り期の利用者への対応が評価**されることとなりました。

 身体拘束の原則禁止・記録の義務化

　身体拘束※についてのルールは、施設サービスにおいては重視されていますが、サービス種別によってばらつきが大きくなっています。例えば、施設系、居住系、多機能系などのサービスでは、運営基準で身体拘束（身体的虐待）について下記のように定められています。

・利用者等の生命又は身体を保護するため緊急やむを得ない場合を除き、**身体拘束を行ってはならない。**
・身体拘束を行う場合には、その態様及び時間、その際の利用者の心身の状況並びに緊急やむを得ない理由等を**記録**しなければならない。

　一方、訪問系などのサービスにはこうした決まりはありませんでした。しかし実際は、サービス種別にかかわらず一定数の身体拘束が報告されている

 用語　**身体拘束**　車椅子やベッドなどに縛って固定する、特別な衣服や道具によって動作を制限する、過剰な薬剤投与によって動けなくする、部屋に閉じ込めるなど、利用者の行動の自由を奪う行為。

ことから、2024年度介護報酬改定において、訪問系、通所系、福祉用具のサービス、居宅介護支援についても**身体拘束等の原則禁止と記録について義務付け**られることとなりました。

口腔管理に係る連携の強化

これまで、口腔に問題がある利用者の把握や歯科医療機関との連携についての評価はありませんでした。厚生労働省の調査によると、歯科医師に対して利用者の口腔に関する情報提供を行ったケアマネは約3割であり、情報提供をしなかった主な理由は「伝えるべき情報を取得していないため」でした。

そこで、2024年度介護報酬改定により、在宅療養者において個々の口腔の状態を効率的に把握し、適切な口腔管理や口腔状態の改善の取組につなげていく観点から、訪問介護にも**口腔管理に係る連携を評価する加算**が創設されました。歯科医療機関との連携のもと介護職員による利用者ごとに口腔アセスメントを実施し、その情報をケアマネや歯科医療機関へ提供した事業所を評価するものです。

福祉用具に係る貸与と販売の選択制の導入

これまで貸与とされていた福祉用具について、その種類によっては、比較的廉価であるために貸与するよりも購入した方が利用者の負担が抑えられる場合があります。そこで、**固定用ロープ、歩行器（歩行車を除く）、単点杖（松葉づえを除く）、多点杖**を、貸与と販売の選択制の対象としました。

Point

看取り期の利用者に対しては、2021年度介護報酬改定において、**2時間ルール**（2時間未満の間隔のサービス提供は所要時間を合算する）**の例外**をつくり、所要時間を合算せずにそれぞれの所定単位数の算定が可能になっています。2024年度改定は、プラスの評価を設けたものになっています。

管理者の役割を理解する

> 訪問介護事業所では、サ責と管理者を兼務しているケースが多くみられます。

サ責と管理者の連携

　管理者は、訪問介護事業所に1人以上配置されます。指定基準第28条には、管理者の責務として、「訪問介護事業所の従業者及び業務の管理を、一元的に行うこと」「訪問介護事業所の従業者に指定基準を遵守させるため必要な指揮命令を行うこと」が挙げられています。つまり、管理者は**組織マネジメント**の役割を担っているといえます。

　現場から直接的に情報を得ることの多いサ責に比べると、管理者は記録や報告から**間接的に情報を得ることが主**となります。毎回のサービス提供後にヘルパーから送られてくる「サービス提供記録」やサ責からの1日の業務に対する最終報告を受けるほか、月に1度はサ責と管理者がミーティングを行うことが大切です。

サ責と管理者の兼務は可能

　管理者とサ責の兼務は、指定基準第6条で認められています。実際、管理者とサ責を兼務する事業所は多数存在します。

　ただ兼務がOKだからといって、主たる業務である管理者の業務を遂行できないような場合は問題です。例えば、サ責の仕事でほぼ1日外出している場合、管理者不在として、運営指導※において指導を受けることもあります。

　サ責と管理者を兼務することになった場合には、担当件数を制限するほか、**月ごとの勤務表により、管理業務を行う時間数とサ責業務を行う時間数とを明確にしておくこと**、また**事業所内で周知しておくことも大切**です。

用語　**運営指導**　行政の指導担当者が事業所を実際に訪れ、適正な事業運営が行われているかどうかを精査するもの。2022年4月に、「実地指導」から名称が変更された。

管理者の主な業務

スタッフの管理	スタッフの採用にかかる業務（雇用条件、面接、健康管理等）、スタッフの評価、サ責・ヘルパーの相談対応等
業務管理の全般	書類の記録、管理、調整
苦情・事故の解決方法や対応	マニュアルの作成、対応の指導等

サ責と管理者の兼務

・管理者は専らその職務に従事する常勤であること（常勤専従）
・ただし、管理上支障がない場合は、以下の兼務が可能
　①当該指定訪問介護事業所のその他の職務
　②他の事業所、施設等の職務

常勤のサ責が他の職務と兼務できる事例

常勤のサ責

指定訪問介護事業所

………… ①当該指定訪問介護事業所の管理者
………… ②同一敷地内にある指定定期巡回・随時対応型訪問介護看護事業所または指定夜間対応型訪問介護事業所での職務
………… ③同一敷地内で一体的に運営している障害者総合支援法の指定居宅介護等のサ責

 Point

サ責と管理者の兼務

例えば、月の初めにサ責としての新規訪問が続き外出が多かった場合に、月の中旬以降に事業所にいる時間を多くつくる等、事業所のスタッフに**シフト調整**を協力してもらいながら、**サ責と管理者のバランス**を常に意識していくことが大切です。

ケアマネの仕事を理解する

> サービス提供の依頼やケアプランの提供など、事業所外の他職種で、接する機会が非常に多いのがケアマネです。その職務の基本を理解しておきましょう。

ケアプランの作成

　居宅の要介護者（要介護1～5）は、**居宅介護支援事業所のケアマネと契約し、ケアプランを作成**してもらいます。ケアプランの作成はケアマネのメインの仕事といってもよいでしょう。ケアプランを作成するために、利用者とのインテーク、アセスメントを行い、サービス担当者会議でケアプランを確定させ、サービス提供へとつなげます。

　ケアマネは、利用者と最初に会うことが多い職種なので、サ責はケアマネが利用者との面接で得た**情報を収集**し、訪問介護計画の作成に役立てます。

要介護者と社会資源を結びつけるコーディネーター

　ケアマネは、要介護者等本人の困りごとを知るために、アセスメントを実施し、困りごとを解決するための社会資源の案内等を行います。社会資源には、地域住民が利用する公民館などの地域資源、介護保険施設などの物的資源、家族や友人、ボランティアなどの人的資源などさまざまなものがあります。これらの社会資源を組み合わせてケアプランの原案を作成します。

　また、ケアプランの作成において、利用者の要介護度による「支給限度基準額※」とそれに伴う「給付管理」を行うのも仕事です。

　ケアマネは**利用者に社会資源を結びつけるコーディネーター**としての業務を担っている職種といえるでしょう。

用語　**支給限度基準額**　保険給付に設けられた上限額。この基準額を超えたサービスについては、全額利用者の自己負担となる。

ケアマネの主な業務の流れ

要介護者との契約	サービス提供
↓	↓
アセスメント（課題分析）	給付管理票作成
↓	↓
ケアプラン（居宅サービス計画）原案作成	翌月分のサービス利用票（提供票）・別表の作成
↓	↓
サービス担当者会議の開催	給付管理・モニタリング
↓	↓
サービス利用票（提供票）・別表の作成	要介護認定更新等援助

 Point

ケアプランの作成

ケアプランの作成にあたっては、訪問介護などの介護給付サービスのほか、介護給付以外の**保健医療サービスまたは福祉サービス、ボランティア**等をケアプラン上に位置付けることが努力義務とされています。

指定基準に目をとおす

> 指定基準は、サービスを行う事業所が守らなければならないもの
> です。もちろんサ責の業務もこれを遵守したものでなければなり
> ません。必ず目を通しておきましょう。

指定基準を満たして指定を受ける

　介護保険サービスの提供を行うことができるのは、都道府県知事または市
町村長に申請を行い（訪問介護は都道府県知事）、その指定を受けたサービ
ス提供事業者・施設であることが原則です。指定は**サービスの種類ごと**に、
そして**事業所ごと**に行われます。

　そしてその指定を受けるためには、**自治体が条例で定める人員・設備・運
営等に関する基準**を満たしていることが条件の一つとなっています。この条
例を作成するにあたり、基準となるのが、**厚生労働省が作成する基準**です。
厚生労働省が定める基準は項目ごとに①従うべき基準、②標準とする基準、
③参酌する基準に分けられています。③の参酌する基準に該当するものは、
各自治体が独自の規定を追加したり、内容を変更したりすることが可能です
（いわゆる**ローカルルール**※）。したがって、巻末の指定基準だけでなく、ロー
カルルールも確認する必要があります。

訪問介護の指定基準

　指定基準は、「①**人員に関する基準**」「②**設備に関する基準**」「③**運営に関
する基準**」と大きく３つに分けられます。

　難しい言葉も多く、すぐに頭に入らないかもしれませんが、サ責は、ヘル
パーや利用者等から指定基準について質問を受けることも多い立場です。必
ず目を通し、指定基準のどこに何が書いてあるかの目安ぐらいはつけておい
たほうがよいでしょう。

 用語　**ローカルルール**　介護保険の保険者である市町村及び特別区が、その地域の特性に応じて独自の規定をつく
るもの。ただし、基準に反するものや逸脱するものは認められない。

「指定訪問介護事業所」になるには

| 指定基準を満たした訪問介護事業所 |

| 都道府県知事に申請 |

| 指定を受ける |

| 「指定訪問介護事業所」として介護保険サービスを提供できる！ |

6 年ごとの更新が必要

2000 年の介護保険制度スタート時では、指定基準は一律に厚生労働省令で定められていましたが、2011 年の制度改正により条例で定めることとされました。

 Point

指定基準の遵守

介護保険サービス事業は「役所の許認可事業」です。**指定基準等の遵守**が日々の業務全般に求められます。ヘルパーのリーダーとなるサ責になれば、この認識をより強く持ちたいものです。

訪問介護の範囲を理解する

> どのような行為が介護保険制度内の訪問介護サービスとして認められるか把握することは、アセスメントや介護計画書を作成する際にもとても重要です。

 ## 身体介護と生活援助の違いを知る

　身体介護は、利用者の身体に直接接触して行うサービスのほかにも、利用者の自立生活支援・重度化防止のための**見守り的援助**も含まれます。例えば、認知症高齢者に対して、ヘルパーが声かけをし、食事や水分摂取を支援したり、服薬時に側で見守り、服薬を促したりすることも身体介護になります。また、一般的な調理は生活援助になりますが、**専門的知識を要する調理**（嚥下困難者のための流動食など）は身体介護に該当します。

　介護報酬の請求にもかかわることですから、身体介護と生活援助の内容は把握しておかなければなりません。**訪問介護のサービス行為**については厚生労働省通知「老計第 10 号」（p.160 参照）に基準が示されていますので、確認しておきましょう。

生活援助に該当しないものに注意

　生活援助については、省令※「老振第 76 号」（p.168 参照）において、介護保険の生活援助の範囲に含まれないと考えられる事例が示されています。

　また、2018 年に老計第 10 号が改正され、**「見守り的援助」**の内容が明確化されています。これまでの見守り的援助で「身体介護」とみなす事例は 7 種類でしたが、見直しによって **15 種類**まで増えました。

　この「見守り的援助」を理解していないと、**本来は身体介護で算定できるはずが、生活援助となってしまいます**。ケアプラン上の位置づけで気になる場合はケアマネに確認するとともに、老計第 10 号については、普段から改正等にも気を配る必要があります。

  用語　**省令**　各省の大臣が発する命令。「老振第 76 号」は、厚生労働大臣によるもの。通知名は「指定訪問介護事業所の事業運営の取扱等について」。

身体介護と生活援助の内容（老計第 10 号）

身体介護	・排泄・食事介助、清拭・入浴、身体整容 ・体位変換、移動・移乗介助、外出介助 ・起床及び就寝介助、服薬介助 ・自立生活支援・重度化防止のための見守り的援助（安全を確保しながら常時介助できる状態で行う見守り） ・専門的知識を要する調理（嚥下困難者のための流動食など）
生活援助	・掃除、洗濯、ベッドメイク、買い物、薬の受け取り ・衣類の整理・被服の補修 ・一般的な調理、配下膳

生活援助に該当しないもの（老振第 76 号）

直接本人の援助に該当しない行為	主として家族の利便に関する行為または家族が行うことが適切と思われる行為
	（例）利用者以外の者の洗濯、調理、買い物、布団干し、来客の応接、洗車・掃除など
日常生活の援助に該当しない行為	介護職が行わなくても支障が生じない行為または日常的家事の範囲を超える行為
	（例）草むしり、花木の水やり、ペットの世話、大掃除、正月や行事用の調理など

正月のための特別な調理 来客の接待

通院等乗降介助を理解する

通院等乗降介助は、介護保険によるサービス提供について、注意が必要なサービスとなっています。事前の手続きや提供時における理解をしておきましょう。

 ### 通院等乗降介助と「老計第10号」

通院等乗降介助は、「老計第10号※」で、訪問介護サービスの一つとして規定されています。

> 老計第10号「訪問介護におけるサービス行為ごとの区分等について」
> 1−3−3　通院・外出介助
> ・声かけ・説明→目的地（病院等）に行くための準備→バス等の交通機関への乗降→気分の確認→受診等の手続き
> ・（場合により）院内の移動等の介助

通院等のため、訪問介護事業所のヘルパー等が運転する車両または交通機関への乗車または降車の介助を行うとともに、併せて、乗車前もしくは降車後の屋内外における移動等の介助を行った場合に算定できます。つまり、**居宅から出発するか居宅に到着するか、どちらかでなければ算定できないサービス**なのです。

 ### 院内の移動等の介助とは

院内介助の算定については、各保険者によって認定要件の判断は異なりますが、①利用者の心身の状態から介助の必要があることをケアマネが確認している、②院内スタッフ等による対応が難しい、③利用者が介助を必要としている心身の状態である、といったことを要件としているところが多くみられます。**事前にケアマネと保険者（市町村）とで検討**したうえで、ケアプランや訪問介護計画に位置付けることが求められるでしょう。

 老計第10号　当時（2000年）の厚生省老人保健福祉局から発出された通知「訪問介護におけるサービス行為ごとの区分等について」のこと。最新の改正は2018年3月。

通院等乗降介助

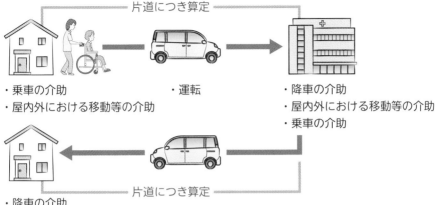

片道につき算定

・乗車の介助
・屋内外における移動等の介助

・運転

・降車の介助
・屋内外における移動等の介助
・乗車の介助

片道につき算定

・降車の介助
・屋内外における移動等の介助

訪問介護費を算定できない例

例1 病院で利用者と待ち合わせて、院内介助のみを行う
例2 バス停から病院までのバス移動のみを介助する

その他の注意点

・居宅が始点または終点となる場合の**目的地間の移送**（病院間など）についても、同一の事業所が行えば、通院等乗降介助を算定できる。
・乗降介助については具体的に介助する行為が求められる。例えば、車両内から**見守るのみ**では算定できない。
・**病院等での待ち時間**は、訪問介護費の算定対象外となることがある。

 Point

介護報酬の算定
通院等乗降介助は、訪問介護費の算定において注意点が多いものとなっています。判断に悩む場合は、事前にクアマネや保険者に確認しておきましょう。

医療行為を理解する

一定の要件を満たしていれば、喀痰吸引と経管栄養に限り、介護従事者も医療行為を行うことが認められています。その要件を知り、利用者の受付の際の判断材料にします。

一定の条件下で介護職員による医療行為が可能に

　介護職は原則として、医療行為を行うことができません。しかし、社会福祉士及び介護福祉士法の一部改正により、2012年4月から、一定の要件を満たしていれば、**介護福祉士**と**認定特定行為業務従事者**も、医療行為を行うことができるようになりました。実施する医療行為は、**喀痰吸引**※と**経管栄養**に限られています。喀痰吸引は、咽頭の手前までを限度とし、経管栄養は栄養チューブの挿入状態の確認を医師または看護職員が行うこととされています。

　医師の指示書や利用者の同意書がそろえば、**医療行為の実施に関する計画書を作成し利用者に提出**します。その後の医療行為の実施においては、指導看護師の指導のもと、行わなければなりません。実施後は、**実施状況を記載した報告書を作成し、医師に提出**します。

医療行為ではないと認められるもの

　医療職のみができる「医療行為」の範囲が拡大解釈される傾向にあったため、2005年に厚生労働省通知により、**医療機関外の介護の現場**において、原則として**医療行為ではないと考えられる行為についての解釈**が示されました。

　ただし、通知で認められているといっても、技術的な問題もありますし、トラブルや事故が起きたときの**責任が免除されるわけでもありません**。特に座薬挿入などは、ヘルパーがサ責に確認を取ったうえで緊急対応として行う場面が考えられますが、未経験のヘルパーであれば避けたほうがよいでしょう。

 用語　**喀痰吸引**　喀痰とは気道内の分泌物をいう。通常は咳や咳払いで口から排出されるが、それができない場合には吸引器を使用して喀痰を吸引する。

医療行為

喀痰の吸引	口腔内・鼻腔内（咽頭の手前まで）、気管カニューレ内部
経管栄養	胃ろう・腸ろう（医師や看護職員が状態確認を行う）、経鼻経管栄養（医師や看護職員がチューブ挿入状態の確認を行う）

医療行為ではないと考えられる行為

- ・一般的な行為による体温測定　・自動血圧計による血圧測定
- ・パルスオキシメーターの装着　・軽微な切り傷、擦り傷、やけど等の処置
- ・軟膏を塗る、湿布を貼る、目薬の点眼、一包化された内用薬の内服、肛門からの座薬挿入など医薬品の使用介助
- ・爪切り・やすりがけ　・歯磨きなどの口腔ケア　・耳垢の除去
- ・ストーマ装具のパウチにたまった排泄物の除去
- ・カテーテルの準備・体位の保持など　・市販品の浣腸の使用

医療行為でない行為とは、一般の人が通常行っている、日常生活に必要なケアと考えればよいでしょう。また、「老計第10号」にない行為は、介護報酬の対象とはなりません。

 Point

医療行為外の行為

「医療行為ではない」と認められていても、すべてを積極的に訪問介護計画に位置付けなければならないということではありません。ただし、体温や血圧測定は日常的に必要ですし、**服薬介助**や**口腔ケア**などは訪問介護にとって重要なものです。これらの行為はしっかりと技術を修得したうえで、対応することが求められます。

次ページにつづく

医療行為を行う職員

医療行為を行うことができる職員は、**介護福祉士と認定特定行為業務従事者**[※]に限られています。

介護福祉士は、養成課程に痰の吸引等の医療行為が含まれている **2015年度以降に合格した者**が対象です。認定特定行為業務従事者は、**喀痰吸引等研修**を修了して**認定証の交付**を受ける必要があります。

この喀痰吸引等研修は、3つの課程が設けられており（右ページ）、それぞれ痰の吸引等の実施可能な対象が異なります。訪問介護で不特定多数の利用者を対象に行う場合は、①または②の課程の修了が基本となります。

事業所の登録

医療行為を行うには、**登録喀痰吸引等事業者**（医療行為を行う職員が介護福祉士の場合）、**登録特定行為事業者**（認定特定行為業務従事者の場合）の**登録**を都道府県知事から受ける必要があります。

その登録基準は、①医療関係者との連携の確保、②医療的ケアを安全かつ適正に実施するための必要な措置等が講じられていることなどがあります。

①の具体的な内容には、医師の文書による指示があること、医療職を含めたケアカンファレンスの実施、緊急時の連絡体制整備、痰の吸引等を行う対象者の状況に応じた計画書の作成、実施後の報告書と医師への提出、業務方法書の作成等があります。②は、訪問看護事業所等との連携における安全確保体制の整備、必要な備品の確保や感染症予防の措置、計画書内容についての本人や家族への説明と同意等となっています。

Point

医師法違反
医療行為の資格を持っていない職員による医療行為に関する苦情や告発が増えています。無資格者による医療行為は、**医師法違反**であることを改めて理解してください。

認定特定行為業務従事者 一定の研修（喀痰吸引等研修）を受け、痰の吸引等に関する知識や技能を修得し、都道府県から認定証の交付を受けた者。当該職員が所属している事業者は「登録特定行為事業者」として登録する。

認定特定行為業務従事者になるための喀痰吸引等研修

①不特定多数の利用者に対し、喀痰吸引と経管栄養のすべての行為を行う類型

> 講義 50 時間 + 各行為のシミュレーター演習 + 実地研修

②不特定多数の利用者のうち、気管カニューレ内吸引と経鼻経管栄養を除いた行為を行う類型

> 講義 50 時間 + 各行為のシミュレーター演習 + 実地研修（気管カニューレ内吸引、経鼻経管栄養を除く）

③ ALS 等の重度障害者等の特定の利用者に対してのみ実施できる類型

> 講義および演習9時間（重度訪問介護従事者養成研修と併せて行う場合 20.5 時間）+ 実地研修（特定の者に対する必要な行為についてのみ）

医療行為の提供体制

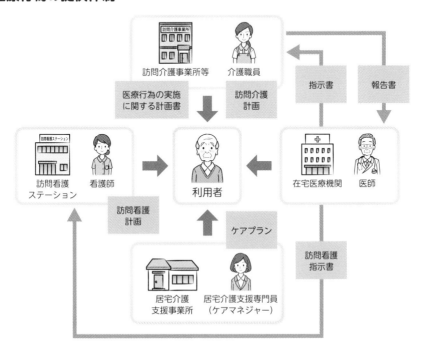

感染症予防を理解する

> 新型コロナウイルス感染症の流行により感染予防の重要性が再認識され、2021年度の介護報酬改定では、感染症の発生及びまん延等の防止に関する取組が義務付けられています。

 ### 感染症対策指針と感染症 BCP の違い

　集団感染のリスクが高い施設サービスでは、従来から感染対策として、委員会の設置や開催、指針の整備、研修の定期的な実施などが求められていました。しかし、2021年度介護報酬改定により、訪問介護を含むすべてのサービスに対して、これらの感染症の発生及びまん延等の防止に関する取組が求められるようになりました。

　ここで必要となる「感染症対策指針（感染症の予防及びまん延の防止のための指針）」とは、感染症予防対策の基本的な方針を定めたものであり、その主な目的は「感染予防と集団感染（クラスター）の防止」です。つまり、感染症対策指針は、**予防**に重点を置いたものとなっています。一方、感染症BCP は、感染症が発生した場合の対応が中心となり、その主な目的は、**感染症が発生しても、事業を継続すること**です。

 ### 日頃から感染対策に取り組む

　利用者宅を順次訪問してサービスを提供する訪問介護では、訪問介護員等の衛生管理の徹底により、**持ち込まない・持ち出さない**ことが重要となります。

　そのためには、感染症防止策に日頃から取り組むことが求められます。例えば、**感染症の発生状況の把握**があります。都道府県の感染症情報センター※の情報を定期的にチェックする、他の介護サービス事業者と感染症の発生について情報共有できるよう情報連携の体制について相談しておくことなどがあります。また、感染を広げないために、介護職員や利用者に感染が疑われる場合は、速やかに**受診を推奨**することも必要です。

 用語　**感染症情報センター**　国の感染症発生動向調査事業実施要綱に基づき設置される機関。各都道府県等域内に1か所、原則として地方衛生研究所内に設置される。

感染症対策指針と感染症 BCP の目的

感染症対策指針	感染予防対策の基本的な方針
感染症 BCP	感染症発生時での業務継続

感染症対策指針と感染症 BCP の内容

内容		感染症対策指針	感染症 BCP
平時の取組	ウイルスの特徴	◎	△
	感染予防対策（手指消毒の方法、ガウンテクニック等）	◎	△
	健康管理の方法	◎	△
	体制の整備・担当者の決定	△	◎
	連絡先の整理	△	◎
	研修・訓練	○	◎
	備蓄	○	◎
感染（疑い）者発生時の対応	情報共有・情報発信	○	◎
	感染拡大防止対策（消毒、ゾーニング方法等）	◎	△
	ケアの方法	◎	△
	職員の確保	○	◎
	業務の優先順位の整理	×	◎
	労務管理	×	◎

※◎、○、△、×は違いをわかりやすくするための便宜上のものであり、各項目を含めなくてよいことを意味するものではありません。

厚生労働省老健局「介護施設・事業所における新型コロナウイルス感染症発生時の業務継続ガイドライン」令和2年12月

業務継続計画（BCP）を理解する

2021年度介護報酬改定により、業務継続計画（BCP）の策定が義務化されました。BCPは一度策定したら終わりではなく、事業所全体で共有し、より良いものをつくっていく姿勢が求められます。

業務継続計画（BCP）とは

　「BCP」とは、「Business Continuity Plan」の略称で、**業務継続計画**などと訳されます。新型コロナウイルス感染症のような感染症や、大地震などの非常災害が発生しても、利用者へのサービスの提供を継続するため、また、万が一、サービス提供を中断しても早急に再開するために策定する計画書です。もともとは一般企業の領域で活用されてきた考え方です。

　BCP策定の義務化は、2021年度の介護報酬改定で決定され、3年間の経過措置を経て、2024年4月から義務化されました。訪問介護を含む訪問系サービス、福祉用具貸与、居宅介護支援事業所については、BCPが未策定でも、2025年度末までは基本報酬の減算対象とはなりません。しかし、厚生労働省による2023年調査では、BCPについて「策定完了している」「策定中である」と回答した事業所の割合は、8割以上です。もし未策定の場合は、早急に整備を進めましょう。

BCPは進化させ続けるもの

　BCPは「一度策定すると終わり」ではありません。研修や訓練などを機会に気づいた改善点をもとに見直していく必要があります。また、感染症や災害などのリスクは、その社会状況によって変化するものです。それに沿ったものに変更する必要もあります。このような計画策定・訓練等を経てその見直しを繰り返す行為を、**事業継続マネジメント（BCM）**といいます。BCMはPDCAサイクル※の考え方を基本としています。

　BCMによって、日々**BCPをより良いものへと進化させていく気持ち**で向き合うことが大切です。

PDCAサイクル　品質管理の手法のひとつで、1950年代に提唱された理論。PDCAサイクルを継続的に回すことで、例えばミスをしたときにその検証を行うなど、フィードバックが可能となる。

BCP のそれぞれの役割

①感染症 BCP	感染症の流行に対応し、**業務継続**ができるよう、平時からの準備や発生時の対応（管理体制や感染拡大防止体制の確立など）をまとめたもの
②自然災害 BCP	**自然災害の発生に対応し、業務継続**ができるよう、平時からの準備や発生時の対応（管理体制や早期の事業再開体制など）をまとめたもの

BCM によって BCP を育てる

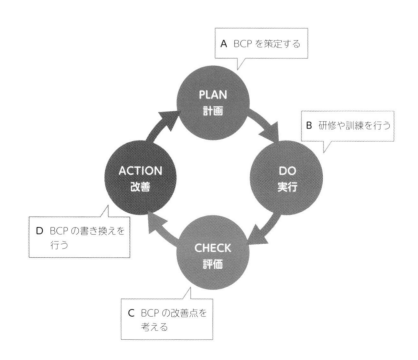

介護報酬を理解する

> 利用者に、重要事項説明書を用いて説明する必要がありますので、介護報酬に関する理解を得ておくことも必須です。ここでは、介護報酬の基本を理解します。

📖 介護報酬は介護保険サービスの価格

　介護報酬とは、事業所や施設が、利用者に提供する介護保険サービスの価格であり、**保険給付（7～9割）と利用者負担（3～1割）**によってまかなわれます。厚生労働大臣が定める基準と地域区分ごとに定められた1単位の単価をもとに算出され、1単位の単価は10円を基本とし、事業所所在地とサービスの種類により異なります。これは地域による賃金の差を考慮したものです。介護報酬は、**3年ごとに改定**されます。

　事業者は、介護報酬の保険給付分を国民健康保険団体連合会※（国保連）に、利用者負担分を利用者にそれぞれ請求し、受け取ります。

　訪問介護費は、「身体介護中心」「生活援助中心」「通院等のための乗車・降車の介助」の3つに大きく分けられます。提供したサービスの内容や事業所の体制等によっては、加算や減算があります。

📖 利用者に説明する

　サ責は、利用者とのサービス締結に際して、利用者に重要事項説明書を用いて訪問介護サービスについて説明をします。このときに、**サービスの利用料金の説明をするにあたり、基本報酬を理解していること**が必要です。なお、事業所独自で設定し、介護保険外で提供するサービス（自費サービスと呼ばれるサービス）があれば、その料金についても把握しておく必要があります。

 国民健康保険団体連合会　国民健康保険法に基づき、保険者（市町村及び国保組合）が共同して設立した法人。都道府県ごとに設置される。通称は国保連。

訪問介護の基本報酬

身体介護中心	20 分未満	163 単位
	20 分以上 30 分未満	244 単位
	30 分以上 1 時間未満	387 単位
	1 時間以上	567 単位 ＋所要時間 30 分ごとに 82 単位を加算した単位数
生活援助中心	20 分以上 45 分未満	179 単位
	45 分以上	220 単位
	身体介護に引き続き生活援助を行う場合	所要時間が 20 分から起算して 25 分を増すごとに＋65 単位（195 単位が限度）
通院等乗降介助	1 回（片道）	97 単位

介護報酬の算定方法

サービスごとに算定した単位		1単位の単価（サービス別、地域別に設定）		事業者に支払われるサービス費

※地域区分は 1 級地～ 7 級地とその他に分かれている。

介護報酬には、要件を満たせば基本報酬に上乗せされる「加算」と、基本報酬から引かれる「減算」があります。詳細は p.169 ～で確認してください。

 Point

介護報酬の請求

介護報酬は**ケアプランの記載内容**に基づいて請求します。事業所はケアプランに記載されていないサービスを、ケアマネや利用者等に断りなく提供し、請求することはできません。

守秘義務を理解する

実務の中心的な存在であるサ責が、守秘義務への理解を深め、意識を高く持つことで、ヘルパーの指導や利用者、家族への具体的な対応がとれるよう努める必要があります。

 ## 個人情報の取り扱いの重要性

個人情報の保護に関する法律の規定に基づき、**「医療・介護関係事業者における個人情報の適切な取扱いのためのガイダンス」**が厚生労働省から示されています。

訪問介護サービスは、利用者や家族のプライベートな情報に接する機会が多い仕事です。個人情報※の取り扱いの重要性を認識し、適正な取り扱いが求められます。

個人情報を取り扱うにあたり、訪問介護事業者はその利用目的を**できる限り特定する**必要があります。具体的な内容についてガイドラインに示されているので確認しましょう（右ページ）。

ヘルパーへの指導等

ヘルパーは、正当な理由がなく、その業務上知り得た利用者またはその家族の秘密を漏らしてはいけません。そして、訪問介護事業者は、ヘルパー等に対し守秘義務を課すための雇用契約や就業規則などの整備を図るほか、利用者や家族の個人情報を用いる場合は利用者や家族の同意を、**あらかじめ文書により**得ておかなければなりません。

事業所内においてヘルパーを指導する立場であり、利用者や家族に直接対応することも多いサ責は、ガイドラインや同法について理解し、対応する必要があります。

個人情報の取り扱いについて外部委託する場合には、訪問介護事業者に委託先の監督責任が発生します。

 個人情報　「個人情報」とは、法令上では生存する個人に関する情報と定義されている。ただし、利用者が死亡後も引き続きその情報を保存している場合は、情報漏洩防止のために適切な管理をする必要がある。

介護サービスの利用者への介護の提供に必要な利用目的（介護関係事業者の場合）

【介護関係事業者の内部での利用に係る事例】

・当該事業者が介護サービスの利用者等に提供する介護サービス

・介護保険事務

・介護サービスの利用者に係る事業所等の管理運営業務のうち、

　－**入退所等の管理**

　－会計・経理

　－事故等の報告

　－当該利用者の介護サービスの向上

【他の事業者等への情報提供を伴う事例】

・当該事業所等が利用者等に提供する介護サービスのうち、

　－当該利用者に居宅サービスを提供する他の居宅サービス事業者や居宅介護支援事業所等との連携（**サービス担当者会議**等）、照会への回答

　－その他の業務委託

　－家族等への心身の状況説明

・介護保険事務のうち、

　－保険事務の委託

　－審査支払機関へのレセプトの提出

　－審査支払機関又は保険者からの照会への回答

・損害賠償保険などに係る保険会社等への相談又は届出等

【上記以外の利用目的】

〔介護関係事業者の内部での利用に係る事例〕

・介護関係事業者の管理運営業務のうち、

－介護サービスや業務の維持・改善のための基礎資料

－介護保険施設等において行われる学生の実習への協力

令和6年厚生労働省「医療・介護関係事業者における個人情報の適切な取扱いのためのガイダンス」

サービス提供責任者の給料は？

　2023（令和5）年に公表されたデータによると、正規職員のサ責の平均月収は、24万3,312円でした。ホームヘルパーの平均月収は、18万8,435円となっており、サ責はホームヘルパーよりも5万円ほど月収が高いことがわかります。

通常月の税込月収（4職種別（正規職員のみ））

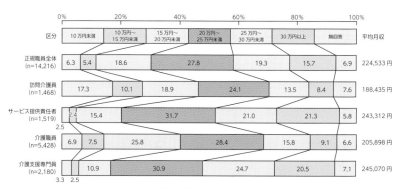

区分	10万円未満	10万円〜15万円未満	15万円〜20万円未満	20万円〜25万円未満	25万円〜30万円未満	30万円以上	無回答	平均月収
正規職員全体 (n=14,216)	6.3	5.4	18.6	27.8	19.3	15.7	6.9	224,533円
訪問介護員 (n=1,468)	17.3	10.1	18.9	24.1	13.5	8.4	7.6	188,435円
サービス提供責任者 (n=1,519)	2.4 / 2.5	15.4	31.7	21.0	21.3	5.8		243,312円
介護職員 (n=5,428)	6.9	7.5	25.8	28.4	15.8	9.1	6.6	205,898円
介護支援専門員 (n=2,180)	3.3 / 2.5	10.9	30.9	24.7	20.5	7.1		245,070円

（令和4年度介護労働実態調査「介護労働者の就業実態と就業意識調査結果報告書」より作成）

　介護職員全般の処遇改善を図った2015年度と2017年度の介護職員処遇改善加算や、技能・経験を持ったリーダー級の職員の処遇改善を図った2019年度の特定処遇改善加算など、介護職員の給与アップに向けた取り組みが行われています。

　2024年度改定によって、それまで3つに分かれていた処遇改善加算は「介護職員等処遇改善加算」に一本化されましたが、そこでも技能・経験のある、**勤続年数の長い介護職員**の処遇改善を目的としており、年収440万円以上となる者を1人以上設定することが求められます。事業所内では、これに**サ責が該当する可能性**が高いでしょう。

　さらにサ責が注目したいのは、介護報酬の加算です。**特定事業所加算**など、サ責とかかわりの深い加算があります。それらを取ろうという考えが事業者側にあれば、サ責の処遇がより良いものになることが期待できるかもしれません。

2章　サービス提供責任者の業務①
～サービス提供開始まで

サービス提供の申し込み

事前情報収集

アセスメント

ケアプラン原案の受け取り

サービス担当者会議に出席

訪問介護計画の作成

訪問介護手順書の作成

サービス申し込みの調整

> ケアマネや利用者からサービス申し込みの依頼に対応することも、サ責の重要な仕事です。受入れの可否について、迅速かつ適切な判断ができるように、普段から準備しておくことが必要です。

 利用者や家族から直接依頼を受けたら

　サ責の仕事は、サービスの申し込み依頼を受けるところから始まります。ケアマネからの依頼が一般的ですが、利用者やその家族から直接依頼がくることもあります。

　利用者本人や家族は、介護が必要になったという状況に対して、**不安や戸惑いを抱えている人が多い**ものです。安心感を与え、信頼感を得るため、丁寧な対応が求められます。**利用者らの困りごと**を聞き、不安や戸惑いへの**ねぎらいを伝え、これからの希望を把握**します。

　要介護認定をまだ受けていない人からも相談がくることもあります。その場合、「サービスを提供できません」と答えるだけでは不十分です。**地域包括支援センター**※に連絡を取り次ぐなどの対応が求められます。

　そしてもし、事業所の都合でサービスを提供することが困難な場合は、利用者の担当のケアマネへ連絡する、もしくは他の訪問介護事業者を紹介するなど、必要な措置をとらなければなりません。

 「相談受付票」を準備する

　サービス提供依頼を受ける際に、聞き忘れがないように **「相談受付票」** を活用したほうがよいでしょう。サ責が不在で他の職員が応対した場合にも有効です。

　相談受付票の形式に決まりはありませんが、「受付に関する情報」「利用者に関する情報」「相談内容」「受入れに関する情報」等、最低限記載したほうがよい項目があります。

  用語　**地域包括支援センター**　高齢者の総合相談や権利擁護、介護予防ケアマネジメント等を行う地域住民の保健医療の向上と福祉の増進を支援する機関。設置の責任主体は市町村。

相談受付票に記載しておきたい項目

受付に関する情報	・受け付けた日にち、時間 ・依頼を受け付けた者の名前 ・電話や来所など、依頼手段 ・依頼者名、利用者との関係
利用者に関する情報	・氏名、生年月日、年齢、性別、住所 ・要介護度、認定有効期限 ・主治医 ・家族関係 ・疾患やADL
相談内容	・利用者や家族の今の困りごと ・利用者や家族の希望
受入れに関する情報	・受入れ判断の結果 ・受入れ判断の理由 ・今後の予定

相談受付票にそって確認していくことで、だれが受け付けても同じ対応ができるようにしておきましょう。

 Point

新規の受入れ

サ責は、新規の利用者を受け付けられるか、また、医療行為の必要性があるかなど、**利用者の特性に応じた受入れ**ができるか、事業所の状態について常に把握しておきます。

また、運営基準では受入れを拒否することは一定の条件のもと、禁止しています。

次ページにつづく

相談受付票

相談受付票（例）

記入漏れがあった場合等に確認できるように、受付者は必ず名前を記入します。

相談を受け付けた日付と時間を記載します。

● 20×× 年 9 月 1 日 (15:00)　　　　受付者 ○○

相談手段	☑電話　□FAX　□訪問　□来所 □その他（　　　　　　　　　　）

まずは、相談手段にチェックを入れます。

相談者区分	□本人　□家族等（関係：　　　　） ☑居宅介護支援事業所　□その他（

可能であればメールアドレスも記載したほうが後々スムーズです。

相談者氏名	○△居宅介護支援事業所 訪問　花子　様	電話 ●	

利用者基本情報 ●

わかっている範囲で記入します。個人情報であるため、相談者が事前に本人から情報提供の了解を得ているか確認します。

フリガナ 利用者氏名	サクラ　ウメコ 桜　梅子	生年月日	19×× 年 4 月10 日（77 歳）
性別	□男　☑女		
住所	〒000 - 0000 ×× 県△△市 ○○○1-2-3	連絡先	電話 03 - 1234 - 5678 FAX
要介護度	2	認定有効期間	○　年　△　月　△　日まで
認知症高齢者の 日常生活自立度	Ⅱb	障害高齢者の 日常生活自立度	A
主治医	○△クリニック 介護　太郎　医師	家族関係	夫と2人暮らし。1人息子は海外在住
現疾患	関節リウマチ	既往歴	大腸がん手術
ADL	歩行は自立 衣類着脱・入浴などは一部介助が必要		

相談内容

利用者の希望	住み慣れた家で夫とこれからも暮らしたい。関節痛により、自分で入浴や洋服の着脱に手間取るようになり、夫に負担をかけているので、その部分のお手伝いをお願いしたい。				
家族の希望	夫も高齢（80歳）で、妻の世話が大変になってきたのでそのサポートをお願いしたい。1人息子は海外に住んでおり、頼れない。				
サービス利用希望	曜日			時間	
	頻度	□毎日　　□週　　回　　□その他（　　　　　）			

利用者や家族が何に困っていてどのようなサポートを
期待しているのか記入します。

受入れ判断に関する情報

受入れ判断	☑可　　　　□不可　　　　□保留
受入れ判断の理由	
今後の予定	

受入れ不可だった場合は、その理由とどのような対応をとったのかを記入します。
例）・希望の日時に活動できるヘルパーがいない
　　・サービス実施地域外
　　・医療行為ができるヘルパーがいない
　　など

利用者の情報を的確に把握し、利用者や家族が安心して
サービスを受けられるようサポートしましょう。

次ページにつづく

要介護状態区分別の状態像

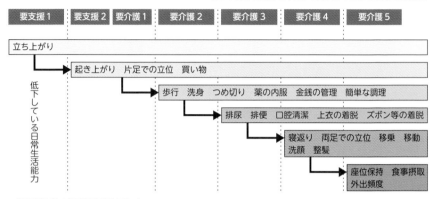

(80%以上の割合で何らかの低下がみられる日常生活能力)

※各要介護度ごとの全74項目の調査項目において、
・介助の項目（16項目）で、「全介助」または「一部介助」の選択肢
・能力の項目（18項目）で、「できない」または「つかまれば可」等の選択肢
・有無の項目（40項目）で、「ある」（麻痺、拘縮など）等の選択肢
を選択している割合が80%以上になる項目について集計

障害高齢者の日常生活自立度（寝たきり度）判定基準

生活自立	ランクJ	何らかの障害等を有するが、日常生活はほぼ自立しており独力で外出する 1. 交通機関等を利用して外出する 2. 隣近所へなら外出する
準寝たきり	ランクA	屋内での生活は概ね自立しているが、介助なしには外出しない 1. 介助により外出し、日中はほとんどベッドから離れて生活する 2. 外出の頻度が少なく、日中も寝たり起きたりの生活をしている
寝たきり	ランクB	屋内での生活は何らかの介助を要し、日中もベッド上での生活が主体であるが、座位を保つ 1. 車いすに移乗し、食事、排泄はベッドから離れて行う 2. 介助により車いすに移乗する
	ランクC	一日中ベッド上で過ごし、排泄、食事、着替において介助を要する 1. 自力で寝返りをうつ 2. 自力では寝返りもうてない

認知症高齢者の日常生活自立度判定基準

ランク	判断基準	見られる症状・行動の例
I	何らかの認知症を有するが、日常生活は家庭内及び社会的にほぼ自立している。	————————
II	日常生活に支障を来たすような症状・行動や意思疎通の困難さが多少見られても、誰かが注意していれば自立できる。	————————
IIa	家庭外で上記IIの状態が見られる。	たびたび道に迷うとか、買物や事務、金銭管理などそれまでできたことにミスが目立つ等
IIb	家庭内でも上記IIの状態が見られる。	服薬管理ができない、電話の応対や訪問者との対応など一人で留守番ができない等
III	日常生活に支障を来たすような症状・行動や意思疎通の困難さが見られ、介護を必要とする。	————————
IIIa	日中を中心として上記IIIの状態が見られる。	着替え、食事、排便、排尿が上手にできない、時間がかかる。やたらに物を口に入れる、物を拾い集める、徘徊、失禁、大声・奇声をあげる、火の不始末、不潔行為、性的異常行為等
IIIb	夜間を中心として上記IIIの状態が見られる。	ランクIIIaに同じ
IV	日常生活に支障を来たすような症状・行動や意思疎通の困難さが頻繁に見られ、常に介護を必要とする。	ランクIIIに同じ
M	著しい精神症状や問題行動あるいは重篤な身体疾患が見られ、専門医療を必要とする。	せん妄、妄想、興奮、自傷・他害等の精神症状や精神症状に起因する問題行動が継続する状態等

事前情報収集

> アセスメントをより適切に行うためには、ケアマネから伝えられる事前情報により、利用者に関してある程度事前に把握することが重要です。

 ## 事前情報を整理してアセスメントに備える

　新規の利用者の場合、多くはケアマネから事前に利用者の情報が伝えられます。事前情報を訪問介護の視点で「分析」すると、サービスを提供するにあたって確認したいことが浮かび上がってきます。それを整理してアセスメントに臨むことで、**的はずれな質問は少なくなる**でしょう。このほか、利用者の主治医やリハビリ専門職から情報が追加されることもあります。サ責は、これらの情報を分析して、アセスメントに備えます。

　ケアマネから伝えられる事前情報は、大きく分けると①**利用者の基本情報**と、②（ケアマネによる）**アセスメント情報**に分けられます。

初めての居宅訪問

　アセスメントは、利用者の居宅に訪問して行います。今後の信頼関係構築のためにも、心証を良くするマナーが重要です。

　マナーの基本となる服装は、**清潔感と好感度**が大切です。特に初めて顔を合わせる玄関先での行動は注目されがちです。下記3点を注意しましょう。

> ①コートなどは玄関前で脱ぎ、挨拶をする。
> ②利用者にお尻を向けることのないよう、正面を向いたまま靴を脱ぐ。
> ③靴はつま先を玄関のドアに向け、端に置く。

　サ責が座る位置は、下座※であることも気を付けましょう。ただし、利用者の自宅の場合、利用者の家族が上座※に案内してくれることもあるでしょう。その場合は利用者や利用者の家族の案内に任せましょう。座るのは、利用者に勧められてからにします。

 用語　**上座、下座**　下座は目下の人やおもてなしをする側がつく席。末席ともいう。一般的に部屋の入口から最も近い場所。一方、上座は目上の人やお客様がつく席。和室の場合は床の間のある方が上座となる。

ケアマネによるアセスメント内容

利用者の基本情報	・基本情報（氏名や性別、住所、電話番号など） ・生活状況　・利用者の被保険者情報 ・現在利用している介護サービス ・障害高齢者の日常生活自立度 ・認知症である高齢者の日常生活自立度 ・主訴（利用者や家族の希望や要望） ・認定情報（要介護区分）　・課題分析理由
アセスメント情報	・健康状態　・ADL、IADL ・認知、コミュニケーション能力 ・社会とのかかわり　・排尿・排便 ・褥瘡・皮膚の問題　・食事摂取　・口腔衛生 ・問題行動　・介護力　・居住環境 ・特別な状況（虐待やターミナルケアなど）

訪問時の服装マナー例

髪
ショートか束ねる

メイク
ナチュラルメイクに

ネイル
華美過ぎない、
短めに切る

髭
髭は毎朝剃る。
伸ばすなら
こまめに手入れを
する

名札
身分の分かる
名札を着用

靴
ボロボロはNG。
スニーカーは避ける

髪
清潔感のある髪型。
整髪料は強い香りは
NG

上着
フケやホコリは
思っている以上に
目立つ。要チェック

ズボン
ジーンズはNG

アセスメント

アセスメントは、訪問介護計画の作成においてベースとなるものです。情報収集だけでないアセスメントの意味と役割を理解して行うことが大切です。

アセスメントを理解する

　アセスメントとは、課題分析のことをいい、**単に利用者や家族の情報収集をすることではありません。**情報収集で得た利用者や家族のこれまでの生活、そして今の生活から、これからの望む自立（自律）した生活への意向と解決すべき課題を分析するものです。

　介護を受けたいと望んでいるのは、何かしら生活において困難を抱えているからです。情報収集においては、**まずは「利用者や家族が、一番困っていること」から話を切り出すのが、話の流れとしてスムーズ**でしょう。「手に麻痺があって料理ができない」といった答えがあれば、「これまではどのように料理をしてきたか」「手の麻痺の原因は」「今後どうしたいか」と話を広げていきます。また情報収集においては、**利用者の「できないこと」だけでなく、「できること」にも目を向けながら進める**ことがとても大切です。

訪問介護の視点で行う

　ケアマネが行うアセスメントは、統一したアセスメントを行えるように厚生労働省が定めた23の「課題分析標準項目※」に従って行われています。一方、サ責が行うアセスメントは、各事業所が作成したアセスメントシートを使ってそれぞれの方法で行います。**ケアマネのアセスメントを参考にしながら、実際にサービスを行う側の視点から**、利用者が望んでいることや家族の要望を聴いたり、家族が行っている介助を確認したりして、問題点を洗い出し生活の目標を立てていきます。

| 用語 | **課題分析標準項目**　基本情報に関する項目が9項目、課題分析（アセスメント）に関する項目が14項目の計23項目で構成される。 |

アセスメント

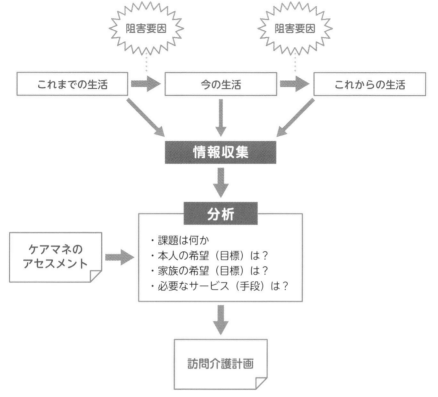

アセスメントは、薬が散乱しているなど、部屋の様子から
得られる情報もあります。利用者が気付いていない困りご
とに気付くきっかけにもなるでしょう。

 Point

アセスメントの反映

訪問介護計画は**個別援助計画**ですから、アセスメントシートにより個別の「そ
の人らしさ」を見つけて、「**その人らしい生活の実現**」ができるよう、訪問
介護で支援できることを計画します。

次ページにつづく

アセスメントシート

アセスメントシート（例）

20××年 9月 2日　　　　　　　　　　　　　記入者 山田 京子

フリガナ	サクラ　ウメコ	性別	□男
氏名	桜　梅子		☑女
生年月日	19××年　4月　10日　　7×歳		
住所	〒000 - 0000 東京都××区 ○○○1-2-3	連絡先	電話 03 - 1234 - 5678 FAX
緊急時の連絡先	氏名　桜　松雄　　　　　　続柄　夫 電話　080 - 0000 - 0000		
要介護度認定	2　　日常生活自立度 　　　（認知症）		日常生活自立度 （障害）
身体障害者手帳	☑無　□有　　　　　種　　　級		
特別な医療	☑無　□有　（　　　　　　　　　）		

家族の状況

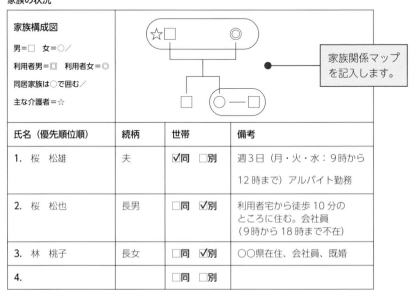

家族構成図

男＝□　女＝○／

利用者男＝▢　利用者女＝◎

同居家族は○で囲む／

主な介護者＝☆

家族関係マップ
を記入します。

氏名（優先順位順）	続柄	世帯	備考
1.　桜　松雄	夫	☑同　□別	週3日（月・火・水：9時から 12時まで）アルバイト勤務
2.　桜　松也	長男	□同　☑別	利用者宅から徒歩10分の ところに住む。会社員 （9時から18時まで不在）
3.　林　桃子	長女	□同　☑別	○○県在住、会社員、既婚
4.		□同　□別	

利用者の健康状態 ●━━━━

> わかる範囲で記入します。既往歴は、大病の経過を記入します。

既往歴	
現疾患	
主治医	
通院・往診	
服薬状況	☑自立　□要介助（　　　　　　　　　　　　）

ADL

項目	評価	備考
歩行	□自立　☑一部介助　□全介助	外出時の歩行は押し車を使用。
立位	□自立　☑一部介助　□全介助	
座位	□自立　☑一部介助　□全介助	
寝返り	□自立　□一部介助　□全介助	

IADL

項目	評価	備考
洗濯	□自立　☑一部介助　□全介助	日々の買い物は主に夫。服薬は自分でできる。
買い物	□自立　☑一部介助　□全介助	
調理	□自立　□一部介助　□全介助	
整理整頓	□自立　□一部介助　□全介助	

住環境

建物	☑独立住宅　□集合住宅（　階）
車横付け	☑可　□不可

社会とのかかわり

趣味 ●	
近隣との関係 ●	

> 昔の趣味も思い出してもらい、記入しましょう。

> いざというときに頼れるような人はいるのか、気を付けるべき人はいないか等を記入します。

生活歴・本人や家族の意向

生活歴	専業主婦で2人の子どもを育て上げた。○○県出身で、夫の転勤で20年前に上京。おしゃれと友人とのおしゃべりが大好き。最近出かけることが減って、寂しい。
本人の意向 ●	
家族の意向 ●	

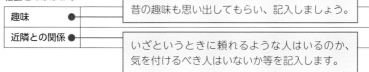

> 本人や家族の意向は、ケアプランも参考にします。抽象的なものになってしまわないように、具体的に記入します。

ケアプランの確認

> サ責になって初めてケアプランを見る、という人も多いと思います。ケアプランは、サ責にとって、訪問介護計画を作成するにあたり「土台」となるものです。しっかり理解しましょう。

📖 ケアプランは訪問介護計画の土台

　ケアプラン（居宅サービス計画）は、アセスメントを経て、主にケアマネによって作成されます。

　ケアプランには、サービスの目標、種類や内容、担当者などが記載されており、チームケアを「見える化」した設計図のようなものになっています。

　そして、ケアプランは、**訪問介護計画の土台**となるものでもあります。サ責は訪問介護計画の作成にあたって、ケアプランを土台にして、**より良い介護に向けて具体化していく**ことが求められます。そのため、サ責もケアプランの読み方を理解することが必要です。

　ただし、アセスメント等を通して改善すべき点に気づいたら、ケアマネに相談して、ケアプランの変更もできるようにするという視点も必要です。

📖 ケアプランの構成を理解する

　訪問介護計画を作成するにはまず、「ケアプラン第1表～第3表」に記載されているものから訪問介護サービスに関するものを取り出します。そして、より具体化し、**提供するサービス内容**を考えます。さらに、**チームケア**を実現するために、**他のサービスの援助内容や利用者の実際の生活**をイメージします。

　ケアプラン第1表には、利用者の基本情報※のほか、利用者や家族の意向と総合的な援助方針が記載されています。**ケアプラン第2表**には、利用者の解決すべき課題や目標、必要なサービス内容が記載され、**ケアプラン第3表**には、利用者の1週間のスケジュールが記載されています。

用語 **利用者の基本情報**　利用者の生年月日や住所、要介護状態区分の認定日と有効期間などの基本的な利用者の情報。

ケアプランの構成

ケアプラン	内容	ポイント
第1表	利用者や家族の意向を含む基本情報と総合的な援助方針	・計画全体の方向性を理解する ・利用者の課題を解決するための援助方針を把握する ・「生活援助中心型の算定理由」に注目する
第2表	利用者の解決すべき課題や目標（長期目標と短期目標）、それを解決するために必要なサービス内容	・訪問介護以外にどのようなサービス（インフォーマルサービスを含む）があるかを把握する ・訪問介護の役割を確認する
第3表	その月の1週間のサービス計画表	・利用者の日常生活の状況をイメージする

 Point

訪問介護計画の作成
訪問介護計画は、**ケアプランの内容に沿ったもの**であることが求められます（指定基準第16条）。提供サービスの変更が必要だと考えた場合は、必ずケアマネに相談してケアプランと訪問介護計画を変更してからになります。

訪問介護計画では、ケアプランに沿ってより具体的な目標を定めます。

次ページにつづく

ケアプラン第1表

【利用者名・生年月日・住所】
介護保険被保険者証の内容が転記されている。
相談受付票と比較して、間違いがないか確認
しよう。

【居宅サービス計画作成（変更）日】
利用者にケアプラン原案について説明し、同意を得た日。区分変更や更新などがされた場合には、前回のものから修正されているか確認する。

【認定日】
認定日は、要介護状態区分が認定された日。「申請中」の場合は、申請日が記載されている。

【要介護状態区分】
介護保険被保険者証に記載された要介護状態区分が転記されている。

【介護認定審査会の意見及びサービスの種類の指定】
介護保険被保険者証に、介護認定審査会からの意見等があれば転記されている。

第1表

居宅サービス計

●利用者名　　　　○○　○○○ 殿　生年月日　　19×× 年　6 月　5 日
　居宅サービス計画作成者氏名　中田さつき
　居宅介護支援事業者・事業所名及び所在地　○○ケアセンター
●居宅サービス計画作成（変更）日　　　　　　　20×× 年　8 月 11 日
●認定日　20×× 年　6 月 15 日　認定の有効期間××年　6 月　1 日

●要介護状態区分　　要介護1　・ （要介護2）　・　要介護3　・

利用者及び家族の生活に対する意向	ご本人：住み慣れた自宅で過ごしたい。少しでも
	長女：遠方に住んでいるためなかなか様子を見に
	リハビリを含めた介護サービスを望んでい

| 介護認定審査会の意見及びサービスの種類の指定 | 特になし |

| 総合的な援助の方針 | 共に家事を行う機会やリハビリの機会をつくるこ |
| | 慣れた自宅での生活を続けることができるよう、 |

| 生活援助中心型の算定理由 | ①一人暮らし　　2．家族等が障害、疾病等 |

居宅サービス計画書について説明を受け、内容に同意し、交付を受けました。

【生活援助中心型の算定理由】
ケアプランに生活援助中心型の訪問介護を位置づけることが必要な場合に記載される。「3．その他」には、「2．家族等が障害、疾病等」以外であって、同様のやむを得ない事情により、家事が困難な場合等について、その事情の内容について記載されている。

【初回・紹介・継続】
「初回」は、利用者が現在の居宅介護支援事業所において初めて居宅介護支援を受ける場合。「紹介」は、他の居宅介護支援事業所（同一の居宅介護支援事業者の他の事業所を含む）または介護保険施設から紹介された場合で、「継続」は、それ以外の場合。

画書（1）　　　作成年月日 20×× 年　 8 月　 11 日

初回 ・ ⟨紹介⟩ ・ 継続　　　　⟨認定済⟩ ・ 申請中

住所　東京都新宿区○○町10-10

【認定済・申請中】
「申請中」とは「新規申請、区分変更申請、更新申請」の３つをいう。それ以外は「認定済」。

初回居宅サービス計画作成日　　20×× 年　 7 月　 8 日

～××年　 5 月 31 日

【初回居宅サービス計画作成日】
現在の居宅介護支援事業所において、利用者に対して初めてケアプランを作成した日。

要介護4　・　要介護5

自分でできることは自分でしたい。
行けない。一人暮らしなので心配している。
る。

【利用者及び家族の生活に対する意向】
利用者と家族が、どのような介護サービスをどのような頻度で利用しながら、どのような生活をしたいと考えているかについて、アセスメントの結果が記載されている。

とで、少しでも自分でできることを続けられ、○○様がこれからも住み
主治医、専門職、ご家族とともに援助していきます。

3.その他（　　　　　　　　　　　　　　　）

説明・同意日　　　年　　　月　　　日　　　氏名　　　　　　印

【総合的な援助の方針】
アセスメントにより導き出された利用者や家族のニーズに対して、どのようなチームケアを行おうとするのか、総合的な援助方針が記載されている。また、あらかじめ緊急事態が発生する可能性が高いと想定されている場合、主たる介護者や医療機関などの緊急連絡先もここに記載される。

次ページにつづく

ケアプラン第2表

【生活全般の解決すべき課題（ニーズ）】
利用者の自立を阻害する要因等が記載され、それを解決するための要点がどこにあるかが分析されている。

【サービス内容】
短期目標の達成に向けて取り組む具体的な内容が記載されている。

【長期目標（期間）】
課題に対応した最終的に目指す結果が記載されている。「（期間）」は、長期目標の達成の目安となる期間で、最も長くて認定の有効期間だが6か月～1年で記載されることが多い。

【短期目標（期間）】
長期目標の達成に向けて、段階的に取り組む目標が記載されている。抽象的な表現は避けられ、具体的に記載されている。「（期間）」は、概ね3～6か月。

第2表

居宅サービス計

利用者名　　　　○○　○○○殿

生活全般の解決すべき課題(ニーズ)	援助目標				サー
	長期目標	（期間）	短期目標	（期間）	
これまで通り自宅での生活を続けたい	一人でも身の回りのことができ、人に頼らず生活できる。	R○.8 ～ R○.6	今、自分で行えている掃除と洗濯、ゴミ出しを続ける。		本人一な家事で援助
健康管理をしっかり行いたい	体調良く過ごせる	R○.8 ～ R○.6	毎日正しく服薬する。食事、水分をしっかりとる。		体調に相談
外に出て買い物がしたい	一人で○○スーパーに行って、買い物を楽しめる。	R○.8 ～ R○.6	家の中では杖を使わずに一人で歩ける。		歩行訓買い物支援
			歩くのに必要な筋力を維持する。		日常動

※1 「保険給付の対象となるかどうかの区分」について、保険給付対象内
※2 「当該サービス提供を行う事業所」について記入する。

【サービス種別】
「サービス内容」とその提供方針を適切に実行できる居宅サービス事業者等を選定し、具体的な「サービス種別」および該当サービスの提供を行う「事業所名」が記載されている。本人や家族が担う部分についても、誰が行うのかが明記されている。

画書（2）

作成年月日　20××年　　8　月　　11 日

		援助内容			
ビス内容	※1	サービス種別	※2	頻度	期間
人では困難 行うこと る	○	訪問介護	○○サービス事業所	週2回	
ついての		医療機関	△△病院	月2回	
練を兼ねた 司行による	○	訪問介護	○○サービス事業所	週1回	
作訓練	○	通所リハビリ	△△事業所	週1回	

サービスについては○印を付す。

【期間】
「サービス内容」に記載されたサービスをどの程度の期間にわたり実施するかが記載されている。

【頻度】
「サービス内容」に記載されたサービスをどの程度の頻度（一定期間内での回数、実施曜日等）で実施するかが記載されている。

次ページにつづく

ケアプラン第3表

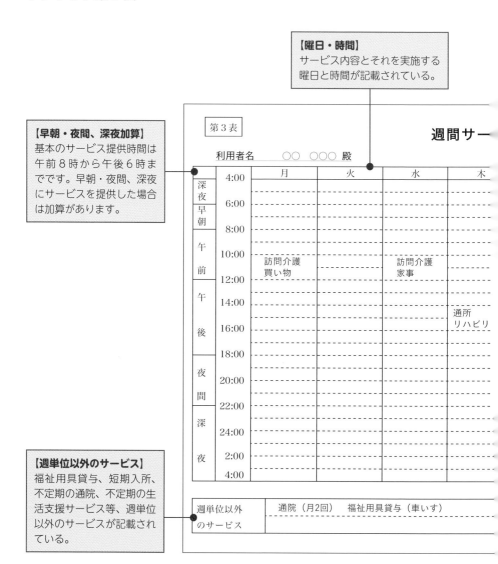

【曜日・時間】
サービス内容とそれを実施する
曜日と時間が記載されている。

【早朝・夜間、深夜加算】
基本のサービス提供時間は
午前8時から午後6時ま
でです。早朝・夜間、深夜
にサービスを提供した場合
は加算があります。

第3表

週間サー

利用者名　　○○　○○○　殿

		月	火	水	木
深夜	4:00				
	6:00				
早朝	8:00				
午前	10:00	訪問介護 買い物		訪問介護 家事	
	12:00				
午後	14:00				
	16:00				通所 リハビリ
	18:00				
夜間	20:00				
	22:00				
深夜	24:00				
	2:00				
	4:00				

週単位以外 のサービス	通院（月2回）　福祉用具貸与（車いす）

【週単位以外のサービス】
福祉用具貸与、短期入所、
不定期の通院、不定期の生
活支援サービス等、週単位
以外のサービスが記載され
ている。

60

ビス計画表

作成年月日 20×× 年　　8 月　　11日
20×× 年　　8 月分より

金	土	日	主な日常生活上の活動
			起床
			朝食、服薬
方問介護			
家事			
			昼食
			夕食、服薬
			入浴
			就寝
配食サービス（火、木、土）			

【主な日常生活上の活動】
睡眠や起床、散歩、趣味、
通院、入浴など、利用者の
１日の暮らしの流れが記載
されている。

１週間を通してサービス全体を確認できるので、利用者の
生活をイメージすることができます。

サービス担当者会議とは

> サービス担当者会議は、別名「ケースカンファレンス」や「ケアカンファレンス」とも呼ばれます。ケアマネが作成するケアプランは、サービス担当者会議を経て決定されます。

 サービス担当者会議に参加する

　サービス担当者会議では、ケアプラン原案をもとに専門的な意見を取り入れ、**より良いサービス提供に向けて意見交換**を行います。直接顔を合わせて話し合うことで、**チームワークをつくる**目的もあります。

　開催場所は、基本的に利用者の自宅で、司会進行は、ケアマネが担います。参加者は、ケアプラン原案に位置付けられた介護・医療サービスの担当者です。担当のサ責も原則として出席しますが、予定が調整できず欠席する場合には、ケアマネから送られてくる「**サービス担当者会議の照会**」にコメントを記入して返信します。そして会議開催後、ケアマネから「サービス担当者会議の要点」（ケアプラン第4表）が送られてきたら内容を確認します。

 サービス担当者会議の開催時期

　サービス担当者会議は、原則として下記の時期にケアマネが開催します。

---

①ケアプランを新しく作成するとき・変更するとき
②要介護度※に変更があったとき
③利用者の状態の変化があったとき

　また、定期的なモニタリングの結果からサービスのミスマッチが発生している可能性がある場合等、**サ責からサービス担当者会議開催の検討を依頼**するときもあります。例えば、利用者と一緒に掃除を支援していたところ、安定して自分だけでできるようになったという**利用者の状態の変化**が定期的なモニタリングで確認された場合は、ケアマネにサービス担当者会議の開催依頼をします。

 用語　**要介護度**　介護保険制度で、要介護状態を介護の必要の程度に応じて定めた区分をいう。

サービス担当者会議（例）

- 介護支援専門員
- 利用者
- 利用者の家族
- 福祉用具事業者
- 主治医
- 訪問介護事業所のサ責
- 通所介護事業所の生活相談員など

サービス担当者会議の準備

- ・サービスに入っているヘルパーから直近の情報を収集しておくこと
- ・発言内容をあらかじめ整理しておくこと（とくに出席者が多い場合には、短い時間に発言をまとめることで、会議の進行の妨げとならずにすみます）
- ・事業所の代表として出席することから、身なりにも留意すること
- ・担当サ責が欠席する場合で、代わりのサ責や管理責任者が出席する場合は、利用者情報などを引き継いでおくこと

Point

サ責は積極的に参加を

サ責には、**ケアマネや他の介護サービス提供者との密接な連携に努める**ことが求められています（指定基準第 14 条）。サービス担当者会議は、連携の基礎となる情報交換や顔合わせの場でもあります。サービス担当者会議から戻ったら、速やかに内容を管理者に報告し、必要なサービスの調整を行います。

サービス担当者会議の流れ

> サービス担当者会議の重要な目的の一つが、ケアプランの原案について各担当者から専門的な意見を得ることです。サ責も事前準備を行い、プロとして参加することが求められます。

 事前準備のポイント

　サービス担当者会議の開催前に、ケアマネからケアプランの原案が送られてきます。サ責は、その**ケアプラン原案と、事前情報により自分が行った分析を比較**しその違いを確認します。

　専門性の違いから、違うことも一致することもありますが、この時点では大きくずれていなければ大丈夫です。

　違いがある場合はサービス担当者会議の前にケアマネと電話などで話し合うこともありますが、相違が一致しないこともあり、その部分をサービス担当者会議で利用者や家族、ほかの専門職と話し合っていくわけです。

 「サービス担当者会議の要点」をよく読む

　サービス担当者会議の終了後、ケアマネから「**サービス担当者会議の要点**」**（ケアプラン第4表）**が送られてきたら、同表に記載されている、①会議出席者の氏名や職種、②検討した項目、③検討内容、④結論、⑤残された課題（次回の開催時期）を確認します。

　よく読んで理解し、ケアマネに何度も同じことを聞くといったことがないようにしましょう。

　なお、ケアマネは利用者やサービス担当者へのケアプランの交付の義務が定められていますが、これは第1〜第3表、第6表※、第7表※に対してであり、第4表については義務ではありません（ローカルルールを除く）。したがって、秘密の保持義務を優先する場合などは、交付されないこともあります。訪問介護計画の作成に必要であれば、念のためケアマネに送付を依頼しておきましょう。

 用語　**ケアプラン第6表・第7表**　ケアプラン第6表は、介護サービスの月間の計画と提供実績の記録。第7表は、サービス提供事業所ごとにサービス内容や種類などが記載されたもの。

サービス担当者会議の流れの例

①開始の挨拶・参加者紹介

・ケアマネにより、今回の会議の目的が説明される。

・名刺交換や自己紹介をする。まずは利用者や家族に、それから事業所同士で行う。

②アセスメントの説明

・アセスメントシート等をもとに、現状の課題と阻害要因、願いが説明される。

③ケアプラン原案の説明

・第1表をもとに利用者や家族の意向を確認する。

・第2表や第3表について説明される。

④話し合い

・サ責は主に、ケアプラン原案における訪問介護の方針について意見を述べる。

⑤会議全体のまとめと課題の整理

・各議題についてまとめ、参加者全員に最終確認がとられる。

・新しい課題や持ち越す課題が出てきた場合には、各担当者から後日報告をもらうことになる。

⑥閉会の挨拶

・次回の開催が決まれば日程の確認をする。

訪問介護計画の作成

> 訪問介護計画の作成は、サ責の職務であることが指定基準に規定されています。訪問介護計画は、利用者やヘルパーにとって今後の生活やサービス提供の要となるものです。

 訪問介護計画はサ責が作成する

　ケアマネが作成するケアプランに基づいて、各介護サービス事業者は、「**個別援助計画書**※」を作成し、サービスを提供します。訪問介護における「個別援助計画」のことを「訪問介護計画」といいます。

　この訪問介護計画の作成は、**サ責の職務**となっています。管理者や他の職員が作成することはできません。

　訪問介護計画の作成は、ケアプランを訪問介護の視点で、実際のサービスに具体化することです。そして、利用者やヘルパーにとって、そのサービスがどのような目標のもと、どのような効果を期待しているものかが伝わり、**訪問介護サービスの指標**となるものにならなければなりません。

 訪問介護計画に記載する項目

　ケアプランには全国一律の様式が定められていますが、訪問介護等の個別援助計画の様式には決まりがありません。ただし、訪問介護計画に記載する項目は、指定基準第24条に定められています。

> 第24条　サービス提供責任者(第5条第2項に規定するサービス提供責任者をいう。以下この条及び第28条において同じ。)は、利用者の日常生活全般の状況及び希望を踏まえて、指定訪問介護の目標、当該目標を達成するための具体的なサービスの内容等を記載した訪問介護計画を作成しなければならない。

　①利用者の**日常生活全般の状況や希望**を踏まえる、②訪問介護における**目標**を定める、③目標を達成するための**具体的なサービスの内容**等を記載するとなっています。

  用語　**個別援助計画書**　介護サービスを提供する事業者が作成する計画書。事業所は利用者ごとに必ず作成しなければならない。

訪問介護計画に記載する項目

①利用者の日常生活全般の状況や希望を踏まえる

アセスメントシートを活用する。ケアマネジメントプロセスの流れに沿って、アセスメントは初回だけでなく、計画を変更するたびに行う。

②訪問介護における目標を定める

①により、長期目標と短期目標を定める。ケアプランと矛盾があってはならないが、丸写しではなく、訪問介護の視点で定める。

③目標を達成するための具体的なサービスの内容等

②の目標を達成するために提供する訪問介護サービスの内容、所要時間、日程、担当ヘルパーの氏名を記載する。

ケアプランに沿った訪問介護計画

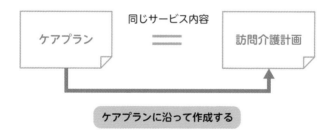

訪問介護計画は、ケアプランに沿って作成します。ケアプランに書かれたサービスを訪問介護計画にも記載します。

 **Point**

ケアプランと訪問介護計画

ケアプランにないサービスを訪問介護計画に記載して実際に提供しても、介護報酬の請求はできません。

次ページにつづく
訪問介護計画の作成 ——➡ **67**

具体的なサービス内容の書き方

　訪問介護計画は、利用者やヘルパーにとっての指標となるだけでなく、**介護報酬請求の根拠**となります。そのため、**具体的に記載する必要**があります。まず1回の訪問ごとにサービス区分※を大きく分け、サービス内容で細かく分けます。それぞれのサービス内容にかかる所要時間を記します。

　そして、1回の訪問にかかる算定単位を記しましょう。これにより、利用者の負担額を確認しやすくなります。

利用者への説明・同意を経て本プランになる

　訪問介護計画は、ケアプランと同様、作成された時点ではまだ「原案」の段階です。**利用者や家族に説明し同意を得た段階で「本プラン」**となります。また、同意を得た訪問介護計画は、**控えを利用者に交付**しなければなりません。

> （指定基準第24条）
> 　3　サービス提供責任者は、訪問介護計画の作成に当たっては、その内容について利用者又はその家族に対して説明し、**利用者の同意**を得なければならない。
> 　4　サービス提供責任者は、訪問介護計画を作成した際には、当該訪問介護計画を**利用者に交付**しなければならない。

　利用者や家族に訪問介護計画の内容について説明する際は、「どうしてこのようなサービスを選んだのか」という理由を説明することが大切です。また、専門用語ではなく、介護の世界が初めての人でもわかる言葉で説明する努力をしましょう。

　利用者や家族が納得して同意してくれることで、利用者自身のより良い生活へのモチベーションアップにつながり、この後のサービス提供の効果も高まるはずです。

  用語　**サービス区分**　老計第10号（p.160参照）による身体介護、生活援助のそれぞれのサービス内容のこと。サービス行為ごとの区分。ただし、サービス行為の一連の流れは例示であるため、利用者の状況に応じた取り扱いが求められる。

作成段階ではまだ「原案」

利用者や家族への説明のポイント

> ・「どうしてこのようなサービスを選んだのか」という理由を説明する

> ・専門用語を避け、誰でもわかる言葉で伝える
> ・話の区切りで「わからないことはありませんか？」と確認しながら進める

> 利用者や家族が納得できる

> 信頼感と今後の生活へのモチベーションアップにつながる

訪問介護計画の参考様式は、各自治体のホームページで確認できたりダウンロードしたりすることができます。それをカスタマイズして利用してもよいでしょう。

 Point

訪問介護計画の同意

訪問介護計画について利用者から同意を得たら、必ずその**日付を記入**します。サービス提供の開始日は、必ずその同意の日以降になるので注意が必要です。

次ページにつづく

訪問介護計画

訪問介護計画（例）

20××年　6月　3日　　　　　作成者　山田　京子　　（サービス提供責任者）

フリガナ	○○○○○○		性別	☐男
氏名	○○○○○○			☑女
要介護認定等	要介護3			
利用者の生年月日	19××年　3月　20日　　7×歳			
住所	〒000 - 0000 大阪府大阪市○○区 ○○町○○○	連絡先	電話 00 - 0000 - 0000 FAX	
緊急時の連絡先	氏名　○○○△△△　　　　続柄　子 電話　000 - 0000 - 0000			
担当居宅介護 支援事業所	○○ケア事業所	担当介護 支援専門員	○○花子	

利用者と家族の意向 ●

> アセスメントシートの意向を転記してもよいでしょう。
> 下記の目標と矛盾があってはなりません。

利用者	
家族	

訪問介護における目標 ●

> ケアプランに沿った内容にします。ただし、丸写しではなく、訪問介護のアセスメントを反映したものにします。

長期目標		
1　1人で散歩したい	目標期間　20××.6 ～ 12	見直しの時期と視点
2		
短期目標 ●		
1　寝室からトイレまで歩く	目標期間　20××.6 ～ 10	見直しの時期と視点
2		

> 短期目標は、長期目標を段階的に分けた身近で具体的な目標にします。

ケアプランに書かれたサービス・所要時間を記入します。

担当ヘルパーの氏名を記入します。

利用者に協力してもらいたいこと等を記入します。

●サービス内容

サービス1　（月曜日）		担当訪問介護員	△△　△△△
サービス区分	具体的内容	所要時間	備考　●
身体介護	食事介助		
身体介護	排泄介助		
提供時間の合計	30分	算定単位　●	

1回の訪問にかかる算定単位を記すことで、利用者の負担額が確認しやすくなります。

サービス2　（水曜日）		担当訪問介護員	△△　△△△
サービス区分	具体的内容	所要時間	備考
身体介護	食事介助	20分	
身体介護	排泄介助	15分	
身体介護	入浴介助	30分	
提供時間の合計	65分	算定単位　　567	

ご利用者とご家族へのお願い　●

利用者に協力してもらいたいことや、利用者等の理解が十分になされているか不安で、後に苦情につながりそうなこと等を確認のために記入します。

訪問介護計画について、説明を受け同意しました。また、訪問介護計画の交付を受けました。

サービスの提供開始は、同意の日以降になります。　　　●　年　　　月　　　日

ご本人　　　　　　　●　　　　　　　様　印　又は　代理人　　　　　　　　　　　　様　印

同意の証として印鑑または署名が必要になります。

契約を結ぶ

> 介護保険法の施行により、介護は「措置時代」から「契約時代」へ変わりました。契約は、事業者と利用者双方の合意の印です。しっかりと漏れのないよう行う必要があります。

「契約」は選べるサービスへの変化の象徴

　2000年に介護保険法が施行されるまでは、介護サービスは措置制度※の時代でした。責任者である国や自治体が一方的にサービスを与え、利用者に選択権はありませんでした。また対象は、身寄りのない高齢者や低所得者で、それ以外は家族が介護を担うという考え方が一般的でした。

　しかし介護保険法の施行により、「介護の社会化」を目指すとともに介護は、利用者の希望でサービスを選択し、各事業者と契約を交わすことで、利用するものになったのです。

契約に必要な書類と注意点

　「契約」にあたっては、説明と同意が必要です。そのために必要な事項を記した書類を提示し、利用者や家族に納得してもらえるよう説明します。

　契約に必要な書類は、①**重要事項説明書**、②**契約書**になります。サ責は事前にその中身をよく読んで、しっかりと理解しておきましょう。

　重要事項説明書は、サービス提供時間や利用料金、職員体制、サービス内容等、**サービスを選択するために必要な重要事項**について書かれたものです。運営規程を基本に作成されます。契約書は、事業者と利用者の合意の証であるとともに、トラブルや裁判になった場合などに、利用者と事業所双方を保護する意味もあります。

　事前にこれらを利用者らに渡して目を通してもらい、契約日に疑問点を確認するのがよいでしょう。これらに書かれた内容について、**十分に納得してもらえないまま契約してしまうと、後々のトラブル**につながります。一つひ

用語　**措置制度**　行政が一方的に、福祉サービスの利用決定を行い、提供する制度をいう。

とつ口頭で丁寧に説明し、相手が理解できないところがあれば、再度説明します。

契約に必要な書類

契約書

利用における基本事項が示されている

契約締結日　　年　　月　　　日
事業者　株式会社□□□□
所在地　○○県○○市○○区
　　　　○○1-1-1
代表者　代表取締役△△△△
事業所　○○サービス
利用者　住所　○○県○○市○○区
　　　　　　　△△2-2-2
　　　　氏名　○○○○○

重要事項説明書

サービスを選択するために必要な重要事項が示されている

　　　　年　　月　　　日
説明者　所属　○○サービス
　　　　氏名　△△△△△

利用者　住所　○○県○○市○○区
　　　　　　　△△2-2-2

　　　　氏名　○○○○○

記載内容に重要な変更（利用料金の変更など）がある場合は、再作成して説明し同意を得て交付します。ただ介護報酬単価の変更程度であれば、変更箇所に関する通知をするだけでOKです。

 Point

ハラスメント対策

近年クローズアップされている利用者から介護職へのカスタマーハラスメントの対策として、契約書や重要事項説明書に**ハラスメント禁止に関する項目**を設け、事前に説明し承諾を得ることも効果的です（p.108 参照）。

訪問介護手順書の作成

> 訪問介護手順書は、作業の効率アップのほか、サービスの質を高め、利用者間でのサービス提供の均一性を保つ効果もあるため、力を入れている事業所は多いです。

訪問介護手順書とは

　訪問介護手順書とは、利用者に提供するサービスについて書かれた**ヘルパーへの指示書**です。サ責が作成します。ヘルパーはこれに沿って、利用者宅でサービスを提供することになります。

　訪問介護計画とは異なり、指定基準等で指定された必須書類ではありません。しかし、引継ぎミス防止等でも有効であり、訪問介護計画とは別に作成している事業所も多いようです。

　なお、特定事業所加算※の算定には、「ヘルパー等に対するサ責による文書等による利用者情報やサービス提供留意事項の伝達後のサービス開始」が要件のひとつとなっており、手順書の作成が求められます。

手順書の書き方のポイント

　手順書は決められた様式はなく、利用者や家族に交付する義務もありません。自分たちの事業所にとって使いやすいものをフォーマットとして作成しましょう。記載するのは、主に①**サービスの項目**、②**具体的なサービス内容とその手順**、③**利用者や家族等に関する留意事項**の３つがよいでしょう。図やイラスト、利用者らに許可を得られれば写真等を使って、ヘルパーにわかりやすくする工夫もしましょう。

　実際にサービスがスタートした後は、**ヘルパーが気付いた点を手順書に加えていきます**。手順書は「最初にサ責がつくれば完成」ではなく、サ責とヘルパーが一緒に、「より良い手順書づくり＝より良いケアづくり」に取り組むという意識が大切です。

 用語　**特定事業所加算**　人員の体制や計画的な研修の実施などの要件を満たした事業所に介護報酬が加算される。サービス提供責任者が実務経験３年以上の介護福祉士であることなども人員要件となる。

訪問介護手順書の例

訪問介護手順書

項　　目	サービス内容と手順	留意事項
買い物代行	5分　①入室、健康状態の確認、換気 10分　②買い物リストを確認 ・食品は○○スーパー ・日用品は△△ドラッグ	＊リストが未記入の場合は一緒に作成する ＊冷蔵庫の中と重複しないか一緒に確認する ＊リストのものがなかった場合の代替品を確認する
	5分　③預り金を確認	
	30分　④買い物にでかける	
	5分　⑤買い物から戻り、買い物内容を一品ずつ確認してもらう レシートとつり銭を渡し、レシートは出納帳に貼付する	
	10分　⑥購入したものを所定の場所にしまう	＊声掛けし一緒に行う
	5分　⑦記録、換気終了、退室	

サービス提供開始後は、ヘルパー等の現場の声をもとに改良を続けましょう。

Point

訪問介護手順書作成の視点

サ責は、**ヘルパーが実際にサービスを提供するにあたって必要な情報は何か**、そして利用者や家族の希望を明確にして整理し、記載します。サービス提供開始後に利用者やヘルパーが困らないようにという視点が重要です。

生活援助従事者とは

　2018年度より、生活援助従事者研修が創設されました。

　生活援助従事者研修とは、生活援助中心型のサービスの担い手を育てるための研修です。介護職員初任者研修と同科目で構成されますが、時間数は介護職員初任者研修（130時間）の約半分である59時間となっています。

介護職員初任者研修と生活援助従事者研修の時間数

学習項目	初任者研修	生活援助従事者研修
職務の理解	6	2
介護における尊厳の保持・自立支援	9	6
介護の基本	6	4
介護・福祉サービスの理解と医療との連携	9	3
介護におけるコミュニケーション技術	6	6
老化と認知症の理解	12	9
障害の理解	3	3
こころとからだのしくみと生活支援技術	75	24
振り返り	4	2
合計	130	59

　生活援助従事者研修は、人材確保の必要性から生まれました。国は、介護福祉士等は身体介護を中心に担い、生活援助従事者等が生活援助を担う新しい人材として考えました。この研修を修了した人は、訪問介護事業所の訪問介護員の人員基準（常勤換算2.5以上）の対象としてカウントすることが可能です。ただ身体介護を任せることはできません。

　現場を知るサ責にとっては、高齢者の生活を支える生活援助の重要性を考えたとき、半分以下の研修時間で本当に専門性が得られるのかという不安はあるでしょう。今後これらの人たちを受け入れたとき、研修等での対応がより求められることになると考えられます。

3章 サービス提供責任者の業務②

～契約締結後

ヘルパーの選定

初回同行訪問

サービス提供

状況に応じ同行訪問

ヘルパーによる業務報告

モニタリング

ケアプランの見直し

ヘルパーに依頼する

> サービス提供の契約を締結したら、ヘルパーに業務の依頼をします。ヘルパーと利用者の相性をどう図るのか。さまざまな条件を考慮しながら決める必要があります。

 ## ヘルパー選定のポイント

　状態が重い利用者に対してスキルや経験不足のヘルパーを派遣した場合、十分なケアができず利用者に迷惑をかけてしまうことがあります。また、利用者とヘルパーの相性がよくても、他の業務との関係でヘルパーにとってハードワークになってしまうこともあります。

　利用者の状態や意向、そして**ヘルパーの性格やスケジュール**等、さまざまな条件を考慮しながら選定する必要があります。サ責は、普段から研修や同行訪問等を通して、**ヘルパーのスキルや性格を把握**しておきます。

　ただし、初対面の利用者からその性格や意向を完璧に把握することは難しいでしょう。また、サービス提供開始直後はお互いに距離があった利用者とヘルパーも、時間とともに信頼関係を築ける場合もあります。サ責は、ヘルパーのスキルも相性の面でも、**コミュニケーションを通してしっかりとフォローをしていく**ことが、より大切です。

代行はどうするか

　突然のヘルパーの病欠や利用者からのサービス依頼等に備えて、代行のヘルパーを準備しておくことも必要でしょう。ここでも、**ヘルパーのスキルや性格を普段から把握しておく**ことがスムーズな対応につながります。普段から代行候補のヘルパーを、利用者ごとに考えておくとよいでしょう。

　代行のヘルパーを派遣する場合には、利用者に事前に電話等で説明します。サ責からきちんとフォローされることで、利用者の安心感につながり、代行のヘルパーもサービスが行いやすくなるでしょう。

  サ責や他のヘルパーによる代行には、普段見落とされがちな利用者の状態に気付きやすいというメリットがあります。代行ヘルパーからもしっかり報告を受けて、この機会を活かす視点も求められます。

ヘルパーの選定の流れ

研修や同行訪問等で、普段からヘルパーのスキルや性格を把握する

利用者の状態や意向を考慮する

ヘルパーのスケジュール・スキル・性格を考慮する

ヘルパーの意向の確認

ヘルパーの選定

フォローを続ける

 Point

利用者の意向

利用者がどのようなサービスをしてほしいのか、どのようなヘルパーに来てほしいのか。**直接口に出さなくても、会話から察知できるもの**もあります。サ責はそのような視点で、利用者との会話を行うことも必要です。

ヘルパーとの事前打合せ

> ヘルパー決定後は、事前の打合せを行います。事前打合せの意義を理解し、直接面接が難しい場合でも、同行訪問等で行えるようにします。必要書類の説明の仕方も配慮しましょう。

事前打合せの意義とは

　派遣するヘルパーが決定したら、サ責はヘルパーと事前の打合せを行います。

　事前打合せは、サービス提供の効率アップのほかに、利用者にとっては事業所内での連携がとれているという安心感に、ヘルパーにとっては自分の仕事のモチベーションアップにつながる大切なものです。できるだけ、**直接面接して行う**ことが望ましいでしょう。

　それが難しく電話等で行う場合は、同行訪問時に改めて面接できるようにしましょう。またメール等で必要書類を送る場合は、利用者等の個人情報の漏洩リスクに対して十分配慮しなければなりません。

伝える情報のポイント

　打合せの資料には、①**訪問介護計画**、②**訪問介護手順書**、③**ケアプラン**、④**アセスメント情報**の最低４点を用意し、提示します。

　それぞれの資料において「どうしてこのような目標になったのか」「どうしてこのようなサービスが必要だと考えたのか」と、**その理由を説明**します。

　サービスの目的や意義を理解することで「決められたことをやらされている感」がなくなります。ヘルパーの仕事へのモチベーションアップになり、より良いサービス提供につながります。特に掃除代行は、ヘルパーに「お手伝いさんみたい」と思わせてしまうおそれがあります。ヘルパーが行う理由として、例えば、「喘息で家屋の清潔が必要である」などと説明することで、ヘルパーが目的の意識をもって活動することができます。

＋α 事前打合せでは、サービスの提供を行う前の確認事項（利用者の自宅までの地図・道順・通勤時間、持ち物の確認、利用者や家族の状況など）も打ち合わせておきます。

事前打合せの効果

・作業効率アップ
・利用者の安心感と信頼感
・ヘルパーのモチベーションアップ

できるだけ直接面談で。難しい場合は、同行訪問時などを
活用しましょう！

打合せ時の資料

①**訪問介護計画**	ケアプランに基づいて作成した介護計画
②**訪問介護手順書**	1回の訪問に対して、サービス開始前の準備から具体的なサービスの手順を示した手順書
③**ケアプラン**	サービス担当者会議を経てケアマネが作成したケアプラン（居宅介護サービス計画）
④**アセスメント情報**	ケアプラン作成にあたり、利用者や家族にアセスメントを行った際の情報

 **Point**

直接面談の利点

面談して行うことで、資料をヘルパーに直接確認してもらいながら説明することができます。そして、ヘルパーに不明点があれば**その場で解決**することができ、サービス提供に不安なく臨んでもらうことができるでしょう。

81

初回の同行訪問

> サ責はできるだけ初回の訪問には同行して、訪問介護計画や訪問介護手順書に沿ったサービスが提供できるよう一緒に確認しましょう。同行訪問は、初回加算の算定要件にもなっています。

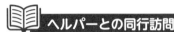 ## ヘルパーとの同行訪問

　ヘルパーとの事前の打合せが終わった後の最初の訪問サービス提供の際は、サ責がヘルパーに同行しましょう。サ責の同行訪問は、利用者やヘルパーの不安や緊張を減らす効果があるほか、よりスムーズなサービス提供につながります。担当ヘルパーと一緒に、訪問介護計画や訪問介護手順書に基づいて、サービス内容を確認します。サービス内容の確認の仕方は、①ヘルパーのサービス提供の様子をサ責がチェックする、②サ責がサービス提供の見本を示してヘルパーが確認する等があります。

　特に経験の浅いヘルパーの場合は、**初回だけでなく何度か同行訪問を行う**のが理想です。サ責が同行できない場合は、他のベテランヘルパー等に同行を依頼するのも方法のひとつです。

初回加算における同行訪問

　初回加算は、新たに訪問介護計画を作成した利用者に対して**初回月内に**、①**サ責自ら訪問介護を行った場合**、または②**サ責が他のヘルパーの訪問に同行した場合**に算定できます。②の場合は、サ責は利用者の状況等を見て、サービスの途中で現場を離れても算定可能です。なお、同行訪問した旨を、**サービス提供記録**※に記録することも要件となっています。

　初回加算は初回の訪問だけでなく、**過去2か月の間にサービスをしていなかった場合**も算定できます。過去2か月の間とは、前々月の初日から前月の末日までをいいます。

  サービス提供記録　サービスを提供した際に、提供した具体的なサービス内容を記録する。適正なサービスを提供した証明として、介護報酬請求の根拠となるもの。

同行訪問

訪問介護計画や訪問介護手順書に基づいて、下記のように実際に利用者宅で
サービス内容を確認する
①ヘルパーのサービス提供の様子をサ責がチェックする
②サ責がサービス提供の見本となりヘルパーが確認する

初回加算

加算

初回月に加算。区分支給限度基準額の管理対象

対象となる利用者

・新規に訪問介護計画を作成した利用者
・過去2か月の間に訪問介護のサービス提供を受けていない利用者
（例：6月3日に訪問介護のサービス提供を行った場合、4月1日以降訪問
　介護のサービス提供を受けていない利用者）

サービスの提供

・サ責自ら訪問介護サービスを提供またはヘルパーに同行
・サ責がヘルパーに同行した場合は、サービス提供記録に記録する

初回加算は、サ責の業務について、特に労力のかかる初回
時の対応を評価した加算です。

 Point

同行訪問時の滞在
初回加算において、サ責とヘルパーが同行訪問した場合、**サ責はサービスが
終わるまで滞在しなくても OK** です。状況を確認したうえで、途中で退席し
ても算定可能です。

同行訪問でのチェックポイント

> 訪問介護計画や手順書に応じた適切なケアができているか、そして利用者や家族の状況に応じた対応ができているかを同行訪問でチェックします。その後の振り返りも重要です。

あらかじめチェック項目を整理しておく

　同行訪問は、ヘルパーが適切にサービスを提供できているかを確認できる良い機会です。

　その機会を最大限に活かせるよう、同行訪問時には**チェック項目を事前に整理**しておきましょう。それぞれのチェック項目に対して「〇（できている）」「△（ほぼできている）」「×（できていない）」などと、**評価基準を設ける**とよいでしょう。そして備考欄を設け、「△」と「×」に対しては、今後どのような対策を行うか具体的に記します。評価は、サ責個人の価値観が反映しすぎないように、評価基準をあらかじめ事業所内で統一しておいたほうがよいでしょう。

同行訪問後の振り返りを行う

　同行訪問では、サ責とヘルパーによる振り返りが重要です。できるだけその日のうちに行いましょう。ただし、利用者や家族の目の前で行うことは、気遣いを忘れた行為です。**利用者宅でのヘルパーへの注意は最小限**にします。

　振り返りは、チェックシートをもとに行います。その際に、「△」や「×」の項目が多い場合は、それをそのまま示すと、ヘルパーはやる気を失ってしまう危険があります。よかったところもみつけて、今後どのようにしていくか話し合って進めていきます。

＋α 信頼関係を損ねないよう、同行訪問の場合はあらかじめ2人で訪問することを利用者に伝えて了解を得ておきます。サ責の都合で突然訪問することのないようにすること。

チェック項目の例

サービス実施のための事前準備

・サービスの実施手順を「訪問介護計画」や「手順書」で確認しているか。
・事業所で定められた基準に沿った服装・身だしなみをしているか。
・身分証明証は携行しているか。
・感染症予防のために、サービス開始前に手指の消毒やうがい等を行っているか。　など

サービス実施

・サービスに必要な物品（消毒液、エプロン、筆記用具等）を準備しているか。
・利用者の身体状況の変化等に気を配っているか。
・訪問介護計画や手順書の通りに行えているか。
・介助する際の声かけは適切か。　など

サービス技術

【移動・移乗】
・移動・移乗に必要な福祉用具の基本的な扱い方を理解し、点検・準備を行っているか。
・ベッドでの水平、上方、下方移動を適切に行っているか。
・歩行介助の際は、歩くペースが利用者に合っているか。　など

【食事介助】
・利用者が食べやすく安全で楽な姿勢にしているか。
・常に利用者の体調変化、嚥下・誤嚥の状況を確認し、安全に気を付けているか。
・利用者の摂取した食事・水分の量を確認し、記録は正確にできているか。　など

【排泄介助】
・おむつ交換の際は、感染予防のための手袋を着用しているか。
・麻痺のある場合、ポータブルトイレは健側に置いてあるか。
・利用者の羞恥心やプライバシーに配慮できているか。　など

ヘルパーからの報告

> 安全でより良いサービスを提供するためには、ヘルパーとサ責の
> 適切な情報共有が欠かせません。直行直帰のヘルパーもいる訪問
> 介護では、その重要性を含めた教育も必要です。

サービス提供記録による報告

　サービス提供終了後に、ヘルパーは「**サービス提供記録**」を作成してサ責
に報告します。サービス提供記録は**公式な文書**ですから、具体的かつ正確に
内容を記録し、サービス提供の事実が分かるようにする必要があります。

　サービス提供記録は複写式になっているものも多いので、控え（写し）を
利用者に渡し、サービス提供の内容を利用者や家族に確認してもらうことで、
ヘルパーとのコミュニケーションツールにもなり、利用者や家族の信頼感や
安心感につながります。

　サ責は、ヘルパーからの報告により、**ヘルパーが介護計画等に沿って適切
にサービスを提供しているか、利用者に変化はないか**等を把握し、対応する
ことが求められます。また、ヘルパーからの報告は、モニタリングにおける
重要な資料にもなります。

サービス提供の実績を証明するもの

　訪問介護では、利用者宅とヘルパーの自宅を直行直帰するヘルパーも多く
みられます。その場合でも、1週間に1度はまとめて事業所に報告書を提出
させる、メールやコミュニケーションアプリを活用して送信させる、何か変
化があったときは当日中に電話連絡させる等の対応が必要です。

　サービス提供記録は、介護保険サービスの実績を証明する重要な書類です。
「作文」や「日記」ではありません。**介護報酬請求の根拠**ともなり、実地指
導等でも確認される公的な書類です。ヘルパーに対しては報告や記録の重要
さを十分に認識してもらう指導を行いましょう。

➕α サービス終了後に、サ責がヘルパーから適宜報告を受けることは、特定事業所加算の要件の一つにもなって
います。また、報告を受けたサ責は文書（電磁的記録を含む）で記録を保存しなければなりません。

ヘルパーからの報告の重要性

①**サ責やヘルパー等で利用者の最新情報を交換できる**
- ・リスク防止やより良いサービス提供につながる
- ・より効果的なモニタリングにつながる

②**介護報酬請求の根拠**
- ・サービス提供の証明となる

③**利用者や家族とのコミュニケーションツール**
- ・利用者や家族との信頼関係構築につながる

④**ヘルパーの専門性向上**
- ・他のヘルパーとの意見交換を行うことでスキルアップや連続性のあるサービス提供につながる

⑤**ヘルパーを守るための証拠**
- ・事故やクレームが発生した場合、適切なサービスを提供できていたことが証明できる書類となる

サービス提供記録作成の注意点

①**日時を正確に**
- ・サービスを提供した日にち、時間を正確に記す。その都度時刻を記入する
- ・介護報酬請求の根拠となるため、誤りのないようにする

②**事実を簡潔に書く**
- ・ヘルパーがどう思ったかではなく、事実を正確に書き留める

③**専門用語はできるだけ用いない**
- ・利用者や利用者の家族から介護記録を求められたときに、利用者等が分かりやすいように、専門用語や略語などをできるだけ使用しない

④**文体をそろえる**
- ・「である調」と「ですます調」があるが、公式な文書であるため、「である調」が望ましい

3章　サービス提供責任者の業務②　〜契約締結後

モニタリング

> 利用者の心身の状態や環境は、一定の状態にとどまるのではなく、日々変化しています。その変化と訪問介護計画との間に大きなズレが生じていないかをチェックするのがモニタリングです。

 モニタリングで状況を確認する

　訪問介護におけるモニタリングとは、ケアプランや訪問介護計画に沿って提供されているサービスが、**利用者の心身の状態に適しているか、目標の達成度はどうかなど**をチェックすることです。サ責が利用者宅を訪問し、利用者や家族から話を聞き、改善点があればケアマネに伝えてケアプランに反映してもらいます。モニタリングは、サ責の業務として指定基準に下記のように記されています。

指定基準第24条　訪問介護計画の作成

　5　サービス提供責任者は、訪問介護計画の作成後、当該訪問介護計画の実施状況の把握を行い、必要に応じて当該訪問介護計画の変更を行うものとする。

　なお、ケアマネもモニタリングを実施していますが、それはサービス全体についてのものでマクロな視点で行われています。サ責のモニタリングは、**利用者の自宅での生活というミクロな視点で行うもの**ということを忘れないようにしましょう。

 モニタリングのタイミング

　モニタリングの回数は特に定められていませんが、定期的な実施は必要です。**初回サービス提供の1か月後、その後は1〜3か月に1回**が目安となります。そのほか特に実施が必要なタイミングとして考えられるのは、①ヘルパーからの報告等で**利用者の状態や環境に大きな変化が生じていることが考えられる場合**、②**長期目標や短期目標の設定時期がきたとき**になります。

 　モニタリングでは、モニタリングシートを準備し、記録します。様式の規定はなく、事業所ごとに自由な用紙・様式が使用可能です。

サ責のモニタリング

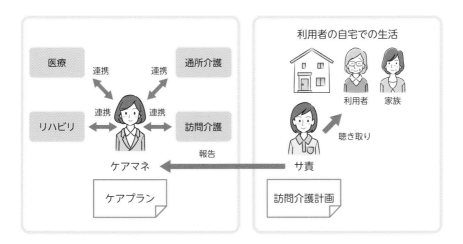

モニタリングのタイミング

初回サービス後から1か月後、その後は1～3か月に1回を目安

①ヘルパーからの報告等で利用者の状態や環境に大きな変化が生じていること
　が考えられるとき
・利用者の身体状態（それに伴うニーズ）がどれくらい変化しているか
・家族の入院等でニーズの変化はないか　など
②長期目標や短期目標の設定時期ごと
・目標の達成度の確認
・ケア内容や期間は適切だったか　など

 Point

モニタリングの時期
モニタリングのタイミングは、あまり回数に縛られず、上記①②等の**必要性
が生じた場合に必ず行う**ことが大切です。

ケアマネへの実績報告

> ケアマネへの月1回の実績報告も、サ責の業務です。実績報告は、サービス提供票・別表を用いて行います。予定と実績の違いが生じた場合は、特に注意が必要です。

 サービス提供票で実績報告

　ケアマネは、サービス提供が決まると利用者ごとに「サービス利用票（ケアプラン第6表）」と「サービス利用票別表（ケアプラン第7表）」を作成します。次に、各サービス事業者に対しては、「サービス利用票」から各サービス事業者が提供する部分を転記して、「サービス提供票」と「サービス提供票別表」を作成し、交付します。

　サ責は、この「サービス提供票」と「サービス提供票別表」をもとに介護サービスを提供し、**その実績をサービス提供票の「実績」欄に記入**します。そして、その月のサービス提供がすべて終了したら、**「サービス提供票」と「サービス提供票別表」をケアマネに返送**します。ケアマネは、「サービス提供票」の実績と「サービス利用票」の予定を比べて、差異がないか確認し、「給付管理票※」を作成して給付管理業務を行います。

 実績報告のタイミング

　居宅介護支援事業所は、「給付管理票」を毎月10日までに国民健康保険団体連合会（国保連）に提出しなければなりません。したがって、**実績報告は月初めまでにケアマネに提出**する必要があります。

　利用者の都合が悪くなってサービスがキャンセルされたなど、ケアマネから交付されていた「サービス提供票」の予定と、サ責が記入する実績が異なる場合は、介護報酬にも差異が発生することになるので注意が必要です。**必ずその理由と併せてケアマネに報告**し、給付管理票に反映してもらうようにします。

 用語　**給付管理票**　事業所が介護給付費を国保連に請求すると国保連は審査を行ったうえで事業所に給付を行う。この審査の際に、ケアマネジャーから送付された給付管理票を突合して確認する。

実績報告関連の流れ

ケアマネ	①利用者ごとのサービス利用票・別表を作成（利用者に交付）

ケアマネ	②サービス事業所ごとに予定を記入したサービス提供票・別表を作成（サービス事業所に交付）

サ責	③サービス提供票に実績を記入、サービス提供票・別表をケアマネに提出

ケアマネ	④サービス利用票とサービス提供票を突き合わせ

ケアマネ	⑤国保連に給付管理票を毎月10日までに提出

介護給付費の請求

ケアマネが迅速・正確な給付管理業務が行えるよう、**予定と実績の違いが生じた場合**は、**違いが生じたこととその理由**を、印などをつけてわかりやすくしてから報告します。「サービス提供票」の予定よりサービス提供回数が増えたり、サービス提供時間が増えたりする場合は特に注意が必要です。**介護度に応じた「区分支給限度基準額」を超過すると、超過分は全額（10割）自己負担となるからです。**

次ページにつづく

サービス提供票

介護保険被保険者証の情報がそのまま転記されている。

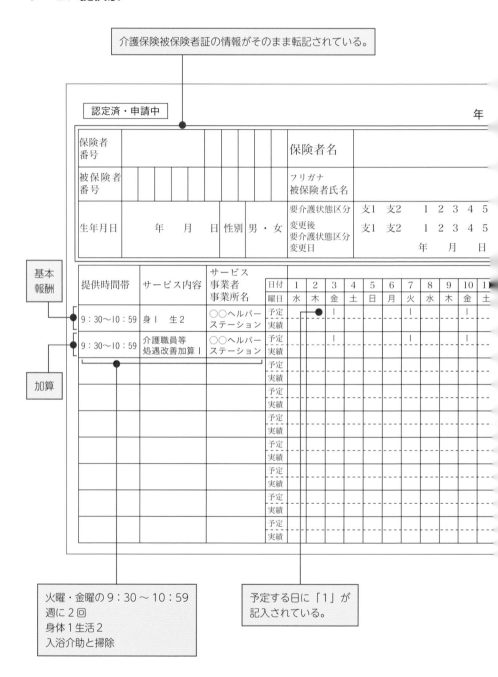

認定済・申請中

年

保険者 番号							保険者名					
被保険者 番号							フリガナ 被保険者氏名					
生年月日	年	月	日	性別	男・女		要介護状態区分	支1	支2	1 2 3 4 5		
							変更後 要介護状態区分	支1	支2	1 2 3 4 5		
							変更日			年 月 日		

基本報酬

加算

提供時間帯	サービス内容	サービス 事業者 事業所名	日付	1	2	3	4	5	6	7	8	9	10	1
			曜日	水	木	金	土	日	月	火	水	木	金	土
9:30〜10:59	身1 生2	○○ヘルパー ステーション	予定			l				l			l	
			実績											
9:30〜10:59	介護職員等 処遇改善加算1	○○ヘルパー ステーション	予定			l				l			l	
			実績											
			予定											
			実績											
			予定											
			実績											
			予定											
			実績											
			予定											
			実績											
			予定											
			実績											
			予定											
			実績											
			予定											
			実績											

火曜・金曜の9:30〜10:59
週に2回
身体1生活2
入浴介助と掃除

予定する日に「1」が
記入されている。

月分　サービス提供票

居宅介護支援事業所→サービス事業所

居宅介護支援 事業者事業所名 担当者名		作成年月日	年　　月　　日	利用者確認
保険者確認印		届出 年月日	年　　月　　日	

区分支給 限度基準額	単位／月	限度額適用 期間	年　　月から 年　　月まで	前月までの 短期入所利 用日数	日

月間サービス計画及び実績の記録

12	13	14	15	16	17	18	19	20	21	22	23	24	25	26	27	28	29	30	31	合計
日	月	火	水	木	金	土	日	月	火	水	木	金	土	日	月	火	水	木	金	回数
		|			|				|			|				|			|	9
		|			|				|			|				|			|	9

サービス提供票は、ケアマネが利用者に確認した予定が記載されたものです。

次ページにつづく

サービス提供票別表

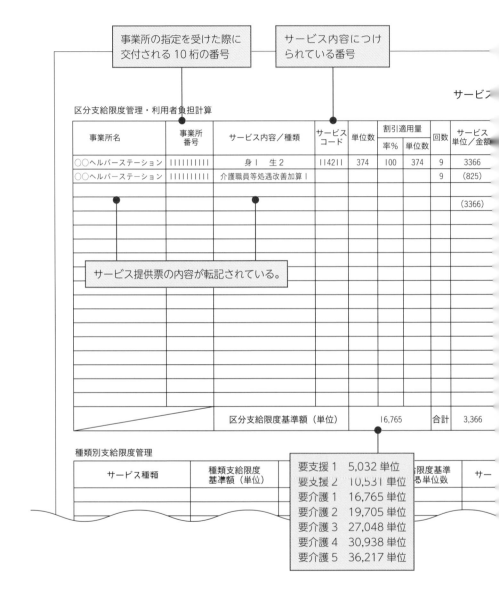

事業所の指定を受けた際に
交付される 10 桁の番号

サービス内容につけ
られている番号

サービ

区分支給限度管理・利用者負担計算

事業所名	事業所番号	サービス内容／種類	サービスコード	単位数	割引適用量 率%	割引適用量 単位数	回数	サービス単位／金額
○○ヘルパーステーション	IIIIIIIIII	身1　生2	114211	374	100	374	9	3366
○○ヘルパーステーション	IIIIIIIIII	介護職員等処遇改善加算1					9	(825)
								(3366)
		区分支給限度基準額（単位）		16,765			合計	3,366

サービス提供票の内容が転記されている。

種類別支給限度管理

サービス種類	種類支給限度基準額（単位）		限度基準る単位数	サー

要支援1　5,032 単位
要支援2　10,531 単位
要介護1　16,765 単位
要介護2　19,705 単位
要介護3　27,048 単位
要介護4　30,938 単位
要介護5　36,217 単位

> 介護保険負担割合に記載されている割合を確認する。
>
> 1割負担の場合　90%
> 2割負担の場合　80%
> 3割負担の場合　70%

> 事業所が所在する地域により単価が定められている。

提供票別票　　　　　　　作成年月日　　　　　年　　月　　日

種類支給限度基準を超える単位数	種類支給限度基準内単位数	区分支給限度基準を超える単位数	区分支給限度基準内単位数	単位数単価	費用総額（保険対象分）	給付率（%）	保険給付額	利用者負担（保険対象分）	利用者負担（全額負担分）
			3366						
			(825)						
			(3366)	11.4	47777	90	42999	4778	0
0	0	0	3,366		47,777		42,999	4,778	0

ビス種類	種 基	A 1か月にかかる費用の総額		Aのうち、保険で支払われる料金	Aのうち、利用者が1か月に支払う料金

予定を記載した提供票に対して料金を説明するものです。
サービス提供票とサービス提供票別表は利用者と事業者用に2部作成されます。

支援経過記録

> 支援経過記録の作成は、サ責の業務のなかでも時間を要するもの
> の一つとなっています。しかし、この記録が適切にできていれば、
> 情報共有だけでなく、多くの場面で役立つものです。

 支援経過記録への記載

　支援経過記録とは、**利用者一人ひとりの支援の経過を時系列で記録したも
の**です。日々起きたことを利用者ごとに記録することで、サービスの流れの
整理ができ、おのずと課題や次にしなければならないことが明らかになる効
果があります。また、ヘルパーやケアマネなどの他職種や家族等が、**利用者
の現状や今までのサービスの流れを適切に把握できる情報共有のツール**にも
なります。

　記録内容は、**サービスの受付から支援終了まで**の支援記録を記載します。
訪問介護計画やサービス提供記録は日々行っていたとしても、支援経過記録
は後回しになってしまっているサ責も少なくないようです。記載漏れのない
よう、その日起こった出来事は、**その日のうちに記載**しておきましょう。

 支援経過記録の書き方

　支援経過記録は、スタッフ間での情報共有だけでなく、**適切なサービス提
供の証明**ともなる重要な書類です。ほかの記録と同様、① 5W1H※を意識
する、②誰が読んでも、読みやすく丁寧に、わかりやすく書く、③数字を記
載する等、具体的・客観的に書く、④書き誤った場合は「見え消し」として
１本取り消し線を引き、その上部に書き直す等に注意しましょう。

　また、相談や報告の書類は書き写す手間を省くためにコピーして支援経過
記録と一緒に綴じる、サ責の不在時に記載すべき出来事があった場合は、連
絡を受けた者が専用連絡ノートやスマートフォンの情報共有を用いて記録す
るなど、効率的な記録の残し方も検討したいところです。

  5W1H　When（いつ）、Where（どこで）、Who（だれが）、What（何を）、Why（なぜ）と How（ど
のように）の頭文字。Whom（だれに）と How much（いくらで）を加えた 6W2H も使われている。

支援経過記録への記載内容

- ・サービス利用受付
- ・初回訪問
- ・アセスメント
- ・訪問介護計画を作成し利用者や家族に同意を得た旨
- ・サービス担当者会議への出席
- ・初回加算や緊急時訪問加算など加算要件を満たした旨
- ・モニタリング
- ・利用者や家族の心身の変化に関する事項
- ・苦情　・事故　・支援終了　など

効率的な記録の工夫

- ・相談や報告のFAX用紙は書き写す手間を省くためにコピーして支援経過記録に綴じ込む
- ・サ責が不在時の連絡に備えて、専用連絡ノートを用意し連絡を受けた者が記入できるようにする　など

 Point

具体的に書く

その日起こった出来事は**その日のうちに記録**します。そして記載は**具体的に書きます**。例えば「家族が」ではなく「長女」や「長男の嫁」とします。また「暴言」とするだけでは誤解を生むことがありますので、**実際に言った言葉**をかぎかっこ（「　」）を使って書きます。

利用者ごとに管理をし、必要なときに誰でもすぐに確認ができるようにしておきましょう。

虐待に気付いたら

　2005年に成立した高齢者虐待防止法（高齢者虐待の防止、高齢者の養護者に対する支援等に関する法律）には、虐待は次の5つが定義されています。虐待は、身体的虐待だけを指すのではないことをヘルパーにも周知しておきましょう。

高齢者虐待の定義（高齢者虐待防止法）

身体的虐待	高齢者の身体に外傷が生じる暴行を加えること、または外傷が生じるおそれのある暴行を加えること
ネグレクト（介護・世話の放棄・放任）	高齢者を衰弱させるような著しい減食や長時間の放置など、養護を著しく怠ること
心理的虐待	高齢者に対する著しい暴言、著しく拒絶的な対応などの著しい心理的外傷を与える言動を行うこと
性的虐待	高齢者にわいせつな行為をする、またはさせること
経済的虐待	高齢者の財産を不当に処分すること、高齢者から不当に財産上の利益を得ること

　これらの「虐待の疑い」を発見した介護事業者には、市町村への通報義務が課されています。虐待の早期発見と通報は介護職の法的義務であり、守秘義務よりも優先されます。事実確認は、通報を受けた市町村が行います。同法には、通報者を保護する規定があり、通報したのが誰かを漏らされたりすることはありません。
　2021年度の介護報酬改定により、虐待防止措置（p.14）が義務化され、さらに2024年度の改定により、虐待防止措置が取られていない場合には、基本報酬が減算されることとなりました。

4章　ヘルパーの育成・研修

ヘルパーにとってのサ責の存在

ヘルパーの仕事は、高齢者の地域生活を支えるというやりがいがある一方、ストレスや孤独を抱えやすいものでもあります。サ責は、スキルとメンタルの両面でヘルパーを支えることが必要です。

「この人に相談しよう」と思える人がいる事業所に

利用者の個性やその環境がさまざまである利用者宅で行う訪問介護サービスにおいては、ヘルパーの心身に大きな負担がかかります。そんな日々発生する課題について、サ責が適切にサポートしていくことで、**ヘルパーも一人で悩みを抱えることなく仕事を続けていくことができる**でしょう。

ヘルパーのスキルアップだけでなく、心身のケアへの注意も必要です。サ責は、ヘルパーの立場に立って課題を考えられるはずです。記録や報告、そして定期的な面談でヘルパーの状況を確認し、不安や悩みを共有して、ねぎらいや励ましの言葉をかけましょう。

職員あっての事業所運営

介護職の人手不足は周知のとおりです。厚生労働省の調査によると、2023年の全職種の平均有効求人倍率※が1.31倍だったのに対して、介護職全体の有効求人倍率は3.78倍となっています。そして**訪問介護職の有効求人倍率は、その4倍以上となる15.53倍**（2022年）でした。

東京商工リサーチの『2023年「老人福祉・介護事業」の倒産状況』をみると「（倒産件数は）『訪問介護』も67件（前年50件）と増加した。ヘルパー不足や高齢化、燃料費の高騰などが影響した」との記述があり、**人材の確保や定着が事業所の運営にとっても必須**であることがわかります。

ストレスをためやすい職務であることをサ責の立場になっても忘れず、積極的にメンタル面でもサポートしていく姿勢が必要です。

用語　**有効求人倍率**　企業が募集する求人数をハローワークに登録中の求職者数で割って、求職者1人あたり何件の求人があるかを示すものをいう。

サ責は「何かあったときに相談できる人」

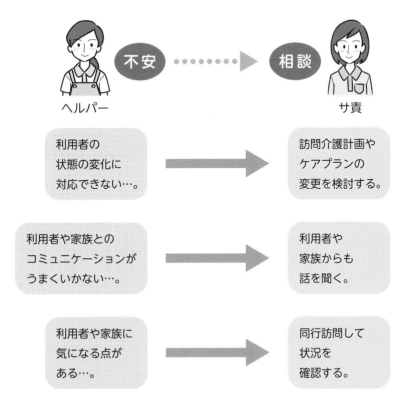

 Point

ヘルパーの相談相手

ヘルパーが悩みを抱え込んでしまわないよう、ささいな悩み事でも気軽に話せる関係づくりと普段から「聞く姿勢」をみせることが大切です。

スキル面とメンタル面の両方でサポートしていきましょう。

人材育成の方法

> 人材育成は、サ責の重要な業務のひとつです。しかし、ただ研修を実施すればよい、というものではありません。ポイントを理解した効果的な研修計画と実施が求められます。

📖 人材育成の目的

　ヘルパーの育成を図ることは、**利用者により良いサービスを提供し、苦情や事故を防止する**うえで、欠かせないものです。また**ヘルパーの職場定着率**※**を高める**効果もあります。

　厚生労働省の調査によると、介護施設や介護事業所の職員による虐待件数は年々増加しています。虐待の要因として「**教育・知識・介護技術等に関する問題**」が最も多く、そのほかには、「職員のストレスや感情コントロールの問題」、「倫理観や理念の欠如」があります。**知識や技術の不足は、ヘルパーにとって、サービス提供における大きなストレス**につながってしまいます。

　人材育成は、利用者とヘルパー双方にとっても、サービスを提供していくうえで重要なものになっているのです。

📖 人材育成の方法

　人材育成の方法には、OJT、OFF-JT、SDS という方法があります。

　介護技術や介護機器は日々進化しており、制度の改正も頻繁に行われています。また、単に座学で終わるのではなく、今現場にある課題に沿ったものでなければあまり意味がありません。

　具体的な内容を考えるにあたって重要なことは、**時代の変化と現場のニーズを把握し、研修計画を立てて実施する**ことです。また、**ヘルパー一人ひとりの技能レベルに応じたキャリアアップの仕組みづくり**も必要です。

用語 **職場定着率**　一般に、一定期間において、全労働者のうち離職した人数の割合を離職率、離職していない人の割合（100％－離職率（％））を定着率という。厚生労働省の調査では、この期間を 1 年間で設定している。

人材育成の方法

OJT (On-the-Job Training)	実際の仕事を通して、上司や先輩が部下や後輩に対して行う指導、育成のこと。実践的に、受け取る側に合わせて必要なものを伝えられる
	例）同行訪問の際の指導、サービス担当者会議にヘルパーも同席、訪問介護計画等の説明のときに目的や根拠を説明する
OFF-JT (Off-the-Job Training)	職場内での集合研修や職場外の研修会への派遣などにより行われる、一定期間、職務を離れて行う指導、育成のこと。系統的に知識が得られる
	例）医療職による疾病別の勉強会の開催、介護技術の実技研修、他事業所との合同の勉強会の開催
SDS (Self Development System)	自主的な自己啓発活動を職場が認め、経済的、時間的な援助や場所の提供等を行うこと。知識や技術の獲得だけでなく、仕事への意欲や研修意欲、組織への帰属意識が高まる
	例）専門書の購入・貸出し、ヘルパーによる研修を実施する際の場所の提供、介護関連の自治体によるイベントの周知

 Point

人材育成における視点

人材育成においては、①**時代の変化に沿ったもの**、②**現場のニーズに応じたもの**、③**ヘルパー一人ひとりの技能レベルに応じたキャリアアップの仕組みづくり**という3つの視点が求められます。

ヘルパーへの技術的指導にあたっては、自らも、進化する介護技術や介護機器について日々勉強することが大切ですね。

103

4章　ヘルパーの育成・研修
研修計画を立てる

> ヘルパーに対する研修は、指定基準を見ればわかるように、強く求められています。実施のタイミングや内容、参加しやすい仕組みづくりを検討し、効果の高い研修の実施を努めます。

 研修の頻度は

　研修については、指定基準第 28 条の「管理者及びサービス提供責任者の責務」で「訪問介護員等に対する研修、技術指導等を実施すること」と規定されているほか、第 30 条の「勤務体制の確保等」でも「指定訪問介護事業者は、訪問介護員等の資質の向上のために、その研修の機会を確保しなければならない」と規定されています。

　事業所全体での研修については、①**月 1 回の定期的なもの**、②**緊急事項発生時等の随時開催のもの**、の 2 つに分けて考えるとよいでしょう。①には、1 か月の間に寄せられたヘルパーからの困りごと等について参加者で意見を出し合うほか、季節ごとに必要な感染症対策※等を組み込みます。②は、大きな事故や苦情が発生した（または発生しそうな）場合に行います。①と②でタイミングが合えば、同時に開催します。

　不定期に人材を採用せざるをえない訪問介護事業所では、個別の新任職員研修が求められます。特に採用後 1 年間については、計画・実施の検討が必要でしょう。

 参加率を高めるには

　研修の参加率は、低くなりがちというのが多くの訪問介護事業所にとっての現実でしょう。参加率を高める方法としては、ヘルパーの募集要項に**研修の参加を義務付ける**、**参加できない場合は理由を明示することを義務付ける**等の仕組みづくりが必要です。また、直行直帰のヘルパーには研修費や交通費を支給する等の検討も必要でしょう。

---

104 **用語**　**感染症対策**　例えば、ヘルパーが媒介者とならないようにするためにも、普段から標準予防策（スタンダード・プリコーション）の実践が大切。介護施設に限らず在宅介護でも感染症予防等の取組が義務化されている。

研修計画の立て方

①月1回開催	春	新人ヘルパーとの連携、食中毒対策　など
	夏	脱水・熱中症対策　など
	秋	体調管理　など
	冬	感染症対策　など

| ②随時開催 | 現場からのニーズ | 認知症の兆候、虐待発見時の対応、医療知識、介助方法、困りごとなど |

**重大事故や苦情、重要関連制度改正など、
緊急度の高い課題**

新任職員研修スケジュールの例

採用時研修	会社や事業所の理念・概要、ヘルパーの職業倫理・役割、接遇マナー、記録・報告方法、虐待防止、感染症の発生・まん延防止、BCP、緊急時の対応など
3か月後研修	今までの自分の評価など
6か月後研修	今までの自分の評価など
1年後研修	1年間を振り返ってこれからの課題など

介護報酬の加算
特定事業所加算の算定要件のひとつに「**すべての訪問介護員等に対して個別の研修計画を作成し、研修を実施または実施を予定していること**」があります。

105

ヘルパーの心身の健康管理

> 訪問介護は、やりがいがある一方、心身ともに大きなエネルギーが必要な仕事です。より良いサービス提供のためにも、スキルアップだけでなく心身のケアに注意することも必要です。

 ## 抱えがちな不安とストレス

「住み慣れた家で最後まで暮らしたい」。そんな多くの人がもつ願いを支える重要な役割を担うのが、ヘルパーたちです。しかし、慢性的なヘルパー不足は、加速している状況です。ヘルパーは、高い専門性とスキル、そして心身ともに大きなエネルギーを求められる仕事である一方、待遇の低さがその一因となっています。

サ責は、研修によるスキルアップだけでなく、**ヘルパーの心身のケアも**力を入れて行うことが求められます。それが、利用者へのより良いサービス提供の継続・ヘルパーの職場定着率アップにつながります。

 ## 健康診断の実施

ヘルパーの健康管理の第一歩となるのが、定期的な健康診断といえるでしょう。労働者の健康と安全を守るために定められた労働安全衛生法※では、**事業者負担による定期健康診断の実施が義務付け**られています。しかし、その対象者は「常時使用する労働者」と規定されています。

多くの訪問介護事業所では、登録ヘルパー等の同法に該当しないヘルパーたちが活躍していると思います。同法に該当しないから、彼らに健康診断を実施しなくてもよいと考えるのは短絡的ではないでしょうか。疾病等をもつ利用者と直接接するヘルパーの健康管理は重要です。

また、特定事業所加算の要件のひとつに、（登録ヘルパー等を含む）「**すべてのヘルパー等に対し、健康診断を定期的に実施すること**」があります。自事業所が健康診断を実施していなければ、管理者等に相談するのもよいでしょう。

  労働安全衛生法　労働者の安全と健康を確保するとともに、快適な職場環境の形成の促進を目的とする法律。ここにいう労働者とは、家族経営などを除く、事業者等に使用される者をいう。

1年に1回の定期健康診断の対象者

労働安全衛生法	次に該当する常時使用する労働者 ①期間の定めのない契約により使用される者であること。なお、期間の定めのある契約により使用される者の場合は、1年以上使用されることが予定されている者、及び更新により1年以上使用されている者。 ②その者の1週間の労働時間数が当該事業場において、同種の業務に従事する通常の労働者の1週間の所定労働時間数の4分の3以上であること。
特定事業所加算	すべてのヘルパー等

特定事業所加算の算定（健康診断）

定期的な 健康診断の実施	・1年以内ごとに1回実施する ・すべてのヘルパー等を対象とする（「常時使用する労働者」に該当しないヘルパー等も含む） ・事業主負担で行う ※ヘルパーの都合で事業所の実施する定期健康診断を受診できなかったときは、他で行った健康診断を受診しその結果を証明する書面を提出することで代替できる

新たに特定事業所加算を算定しようとする場合は、1年以内に健康診断等の実施が計画されていればOKです。

 Point

健康診断の費用
労働安全衛生法と特定事業所加算の両方とも、**事業主負担での実施**です。「もったいない」のは、健康診断の費用がかかることなのか、ヘルパーを失うことのどちらなのか。短絡的ではなく長い目で考えたいものです。

次ページにつづく

📖 メンタルヘルスケアは、ラインケアとセルフケアから

　ヘルパーにストレスが蓄積されると、サービスの質の低下や利用者への虐待にもつながりかねません。したがって、ヘルパーのメンタルヘルスケアが欠かせません。

　労働安全衛生法では、常時使用する労働者に対して、医師、保健師等による心理的な負担の程度を把握するためのストレスチェック※の実施が義務付けられています（労働者50人未満の事業所については当分の間努力義務）。**労働者のストレスを早期発見し、改善すること**を求めているのです。小規模事業所においては、多くの取り組みは難しいかもしれませんが、**ラインケアとセルフケアを中心として**、できることから進めていきましょう。

　ラインケアとは、サ責等のリーダー職や管理職が部下に対して行うメンタルヘルスケアのことです。内容は、大きく分けて「個別の相談対応」と「職場環境の改善」になります。普段からのコミュニケーションや定期的な面談で、問題を早期に把握し、ストレスが極限に達する前に、ストレスマネジメントを行うことが大切です。また、セルフケアの方法をヘルパーにアドバイスする等、**ヘルパー自身によるセルフケアをサポートする**ことも重要なメンタルヘルスケアのひとつです。

📖 利用者・家族からのハラスメント対策の検討も

　2021年度の介護報酬改定では、すべての介護サービス事業者に対して、**ハラスメント対策を強化することが義務付け**られました。職場におけるパワハラやセクハラのほか、利用者や家族によるセクハラについても、義務付けの対象になっています（それ以外は、実施を推奨）。

　「ハラスメントは組織として絶対に許さない」など、**事業所としての方針の明確化及びその周知・啓発、相談体制の整備**によりヘルパーが相談しやすい環境をつくるとともに、利用者や家族への周知も必要でしょう。**契約書や重要事項説明書に「ハラスメント禁止」を記載**し、どのようなことがハラスメントに該当するのかを丁寧に伝えていきます。これらの取り組みには、外部の専門家と相談する等慎重な対策が必要とされます。

 用語 **ストレスチェック**　ストレスに関する質問に回答してもらい、集計・分析することでストレスの状態を調査する検査。ストレスの状態を知ることで、メンタルヘルスの不調を未然に防止するためのもの。

ラインケアとセルフケアの例

ラインケア	・作業環境、労働時間等の職場環境等の具体的問題点を把握し、改善を図る。 ・ヘルパー一人ひとりに対して、過度な長時間労働、過重な疲労、心理的負荷、責任問題が生じないようにする等の配慮をする。 ・日常的に、ヘルパーからの自主的な相談に対応するよう努める。 ・事業者は、サ責等に対してメンタルヘルスケアに関する教育研修等を行う。
セルフケア	・サ責等のリーダー職や管理職により、ヘルパーに対してセルフケアに関する教育研修、情報提供を行う。 ・ヘルパーが自ら相談を受けられるよう必要な環境整備を行う。

利用者・家族からのハラスメント

①身体的暴力	身体的な力を使って危害を及ぼす行為 例）コップを投げつける、ける、唾を吐く
②精神的暴力	個人の尊厳や人格を言葉や態度によって傷つけたり、おとしめたりする行為 例）大声を発する、怒鳴る、特定の職員に嫌がらせをする、「この程度できて当然」と、理不尽なサービスを要求する
③セクシュアルハラスメント	意に沿わない性的誘いかけ、好意的態度の要求等、性的ないやがらせ行為 例）必要もなく手や腕をさわる、抱きしめる、入浴介助中、あからさまに性的な話をする

令和 3 年度厚生労働省老人保健健康増進等事業『介護事業者向けの「介護現場におけるハラスメント対策マニュアル」』より

サ責のメンタルヘルスケア

　サ責は、利用者や家族、ヘルパー、ケアマネ等の関係者等の間で、さまざまな意見や要望の調整役を担う場面が多くなります。そこで板挟みとなり、大きなストレスを抱えたり、誰にも相談できずに孤立感を抱いたりすることも多い仕事かもしれません。

　まずは、サ責自身が「自分を大切にして、セルフケアをする」という意識をもち、休息が取れるような業務の工夫を行うことが大切です。

　心身が疲れた状態では、良いサービス提供を続けていくことは難しいでしょう。サービスの質が落ちることで、重大な事故につながる危険もあります。

　自分を大切にしてしっかりと休息を取ることは、介護のプロとして利用者に良いサービスを提供するための責務と捉えてはどうでしょうか。

　休息をしっかりと取るための方法には、例えば下記が考えられます。

・複数のサ責でそれぞれの利用者の情報を共有しておく

・利用者宅から直帰できるときは、事業所に戻らず直帰する

・休めるときにメリハリなく仕事をしない

・休暇をしっかり取りやすい職場づくりについて事業所内で話し合う

　また、孤立を防ぐためには、事業所内のコミュニケーションが重要です。管理者や同僚も忙しさから、サ責の悩みに気付けないケースも考えられます。

　そこで、普段から管理者や先輩サ責に、こまめな報告や相談を心掛けておくことで、問題が起こったときに SOS を出す手段として活用できます。

事故の発生

> 事故は、発生してしまった場合の迅速・適切な対応が、後の事故処理にも大きく影響を与えます。事故対応マニュアルを作成する等、迅速に対応できるよう普段からの心構えが必要です。

📖 事故発生時の対応

指定基準では、次のように事故発生時の対応が規定されています。

> 第37条　指定訪問介護事業者は、利用者に対する指定訪問介護の提供により事故が発生した場合は、市町村、当該利用者の家族、当該利用者に係る居宅介護支援事業者等に連絡を行うとともに、必要な措置を講じなければならない。

事故が発生した場合は、程度に応じて、利用者家族、ケアマネ、市町村の関係機関に連絡し、必要な措置を講じなければならないとされています。

利用者宅で行う訪問介護は、施設介護に比べて環境上のリスクが高いのに加え、ヘルパー一人による単独訪問が多いため他者のフォローを得られにくく、結果、事故につながりやすい条件がそろっているともいえるでしょう。

サ責は、①**事故リスクを把握して研修等でヘルパーに周知する**、②**事故が発生したときに迅速に対応できるよう事故発生時の対処法を整備する**、③**事故発生後のアフターフォローの方法を整える**ことが大切です。

📖 サ責は事故後、迅速に現場へ

サ責は、事故が発生すれば事態を冷静に受け止め、迅速に対応する必要があります。事故が実際に起きてからパニックにならないように、**事故対応マニュアルを作成**しておきます。

サ責は、ヘルパーから事故の報告を受けたら、**速やかに現場へと駆けつけます**。まずは利用者の状態確認と安全確保をし、ヘルパーが動揺していれば落ち着けるよう声をかけます。そして、可能な場合は利用者宅で事故の状況を把握します。

 救急車が必要かどうか迷う場合は、救急相談窓口（東京・大阪などは＃7119）を活用しましょう。自事業所の自治体の窓口を調べておきましょう。

事故対応マニュアルの記載例

・事故発生時の利用者の状態（身体損傷、意識レベル等）を確認する

・医師、協力医療機関等に状態等を連絡し指示を受ける

・必要な場合は救急車を要請する

・緊急連絡網を確認し、家族等に速やかに状況報告をする

・必要に応じて関係機関に連絡をする

・被害拡大の防止（食中毒が疑われる場合など）

・事故の状態等を正確に記録する

・再発防止策の検討と利用者家族への説明　等

事故発生時の流れの例

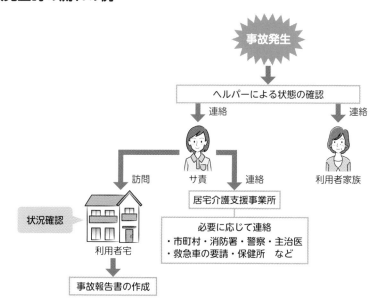

 Point

事故対応マニュアル

事故対応マニュアルは、すべての**ヘルパーに普段から携帯させ、周知徹底し**ておくことが重要です。また、その内容について理解を深めて現場で実践できるように、研修を行う必要もあります。

ヒヤリハットと事故報告

> 1 件の重大事故の背景には、29 件の軽微な事故と 300 件のヒヤリハットがあるといわれています。普段からの報告を大切にし、重大事故への芽を摘んでいけるよう対応することが重要です。

 ヒヤリハットは"重大事故の前兆"

　「1 件の重大な事故の背後には、29 件の軽微な事故があり、その背景には 300 件のヒヤリハット※がある」という労働災害における経験則・ハインリッヒの法則があります。「軽微な事故」や「ヒヤリハット」の報告が現場のヘルパーからしっかりとされ、それらを周知する等対応することで、同様のリスク再発や重大事故につながることを予防できます。そのため、**事故の大小にかかわらず、ヘルパーはすぐにサ責に連絡を入れることを徹底**させましょう。事故報告書だけでなく、「ヒヤリハット報告書」も作成している事業所もあります。

　サ責は、**ヘルパーからの報告内容からリスクの分析**を行い、利用者の状態と手順書や訪問介護計画とのズレが原因であれば修正する、サービスの提供時間が不適切であればケアマネにケアプランの見直しを依頼する等、重大事故につながらないよう対応していく必要があります。そして、**ほかのヘルパーにも同様なリスクがないよう、研修などで周知**していきます。

 事故報告書の作成と事故報告

　サービス提供中に起きた事故は記録に残します。事業者は、**事故の状況及び事故に際して採った処置について記録すること**が、指定基準により**義務付**けられています。

　自治体によっては、事故報告書のひな型を提示しているところもあるので、それを参考に作成してもよいでしょう。

　事故の程度によっては保険者（市町村等）に報告をし、再発防止策の策定を行います。

 用語　　ヒヤリハット　　重大な事故に至らないものの、その一歩手前といえるような事例の発見。ミスに「ヒヤリ」としたり「ハッ」としたりするところから付けられた。

ハインリッヒの法則

	例
1件の重大な事故	・ベッドから車いすへの移動介助中、車いすのブレーキをかけ忘れた ・車いすがベッド脇から移動したため慌てて戻そうとし、一緒に利用者を引っ張り転倒。脚を骨折した
29件の軽微な事故	・車いすがベッド脇から移動したため車いすに座れず尻餅をつき、打撲と診断された
300件のヒヤリハット	・車いすが移動しそうになり、あやうく尻餅をつきそうになった

> 「軽微な事故」と「ヒヤリハット」も、現場からしっかり報告があるように、その重要性を普段から周知します。

保険者への報告が必要な事故の種類

・サービス提供中に発生した利用者の重症または死亡事故
・食中毒及び感染症、結核等の発生（保健所等への通報が義務付けられている事由のもの）
・職員（従業者）の法令違反・不祥事等の発生
・その他事業者が報告を必要と判断するもの及び市町村が報告を求めるもの

事故の事実確認

利用者から「わざわざ来なくてもいい」と言われるような「**軽微な事故**」でも、あとから大きな事故になることもあります。サ責は、できるだけ当日に利用者宅を訪問して、事実確認を行いましょう。

事故後の対応

> 事故原因の究明をヘルパー個人の問題で終わらせることは、再発防止策を講じたことにはなりません。事業所全体の問題として、さまざまな要因を考えながら行うことが大切です。

 損害賠償請求をされたら

　指定基準には、下記のように事故発生時の損害賠償※について規定しています。

> 第37条
> 3　指定訪問介護事業者は、利用者に対する指定訪問介護の提供により賠償すべき事故が発生した場合は、損害賠償を速やかに行わなければならない。

　事故後の話し合いにより問題の解決を図ること（示談交渉）で解決することもあります。しかし、賠償すべき事故が発生したら事業所には**賠償責任**がありますので、**損害責任保険**に加入している場合には、まず保険会社に事故の報告をし、保険が適用されるケースかどうか調査してもらいます。

 事故再発防止対策の検討

　事態が収拾したら、なぜ事故が発生したのか、原因究明を行う必要があります。そこで大切なのは、**担当ヘルパー個人の責任で話を終わらせない**ということです。担当ヘルパーに対しては、叱責したり尋問口調になったりしないように気を付けます。**事故を起こしてしまったショックの気持ちに寄り添いながら、原因を究明**していきます。事故は、事業所全体の問題から起こったものという視点で対応することが、再発防止に欠かせません。事故の多くのケースが、複雑な要因が絡み合って発生しています。事故の要因を①**ヘルパー要因**、②**利用者要因**、③**環境要因**の3つに分けて考え、対策を講じます。

　再発防止策が決まったら、事故防止対応マニュアルを見直し、その内容を反映させます。

  損害賠償　違法な行為によって他人に与えた損害を賠償すること。サービス提供時の行為だけでなく、本来しなければならないこと（義務）を果たさなかったことにより損害を与えた場合も含む。

事故発生の要因は３つの視点で考える

①ヘルパー要因

例
・ヘルパーが体調不良だった
・ヘルパーの精神状態が不安定だった
・ヘルパーの介助方法が不適切だった

→

・体調管理が適切に行われていたか見直し
・ヘルパーへのメンタルヘルスケア
・同行訪問

それぞれが影響し合う

②利用者要因

例
・身体の麻痺が進んでいた
・前日に睡眠剤を飲んでいた
・精神状態が不安定だった

→

・報告書・手順書の再確認
・モニタリング

③環境要因

例
・段差が高かった
・床が滑りやすい素材だった
・車いすのブレーキが壊れていた

→

・福祉用具の保守点検、修理依頼
・住環境の確認

賠償すべき事態が起こった場合に速やかに賠償を行うため、事業所は損害責任保険に加入しておくとよいでしょう。

Point

再発防止策

再発防止策は、ヘルパーとサ責だけでなく、ケアマネや管理者も含めて、多くの人たちで知恵を出し合いながら考えることで、**事業所全体の問題としてとらえる**ことができ、より効果があります。

苦情の発生

> 事業所は利用者や家族からの苦情に遭遇する危険を抱えながら
> サービス提供を行っています。サ責は、苦情の原因を意識すると
> ともに、発生すれば早い段階で対応することが求められます。

苦情の原因を認識する

　苦情の原因はさまざまですが、大きく分けて次のようなものが挙げられます。

①利用者や家族への説明不足　②利用者の状態把握や要望把握の不足
③情報共有・連携の不足　　　④ヘルパーの力量不足

　これらに共通するのは「**コミュニケーション不足**」といえます。利用者や家族、ヘルパー、サ責、ケアマネとのそれぞれのコミュニケーションがとれていれば、対応も迅速にとれるでしょう。また、**苦情は利用者の困りごとでありニーズ**でもあります。**苦情解決はニーズ解決につながります**から、普段からサービスの実施状況について利用者やヘルパーから話を聴き、ケアマネや家族との調整を適宜行い、円滑なコミュニケーションを心掛けましょう。

苦情には敏感に、迅速に対応する

　多くの場合、苦情の発生は、そこに至るまでの「前兆」があるといわれています。

段階1：相談・要望のレベル
段階2：苦情のレベル
段階3：法的責任のレベル

　直接事業者による対応を期待する段階2までは、話し合いの機会がもて、早期解決の可能性があります。**早い段階で真摯に対応**し、適切に対応することで、賠償などの大ごとに発展することを防ぐよう努めましょう。

  苦情受付窓口は、市町村や運営適正化委員会、国保連にも設置されており、利用者はそれを利用することもできます。

苦情の3つの段階

段階1：相談・要望のレベル 「〜ならいいのに」「〜にならないかな」 改善してほしい、回答してほしい	まだ信頼関係があり、話し合えるレベル
段階2：苦情のレベル 「〜で困る、どうにかしてほしい」 改善してほしい、謝罪してほしい、誠意ある対応をしてほしい	まだ信頼関係はあるが、同じようなことが続くと関係が壊れる可能性がある
段階3：法的責任のレベル 賠償責任が生じる場合もある	信頼関係は壊れている

市町村や国保連の介入

利用者がサービスに不満がある場合に、安心して相談や苦情を申し出てもらえるよう、信頼関係を構築することは非常に大切です。

🎯 Point

苦情に至る前も苦情を受けた後も早期の対応が大切

サ責が時々、ヘルパーに代わってサービスを行うのもひとつの方法です。**利用者が直接サ責に要望を伝える機会を設ける**ことで、苦情の芽を摘み取ることができます。

市町村や国保連が介入してくる段階3に至ると、問題が大ごとになって長引く可能性が高くなります。段階2までは解決の余地がある場合が多く、**早期の真摯な対応**が望まれます。

苦情への対応

苦情の連絡があれば、慌てず冷静に「何があって、どう不満だったのか」をきちんと聞き取ることが必要です。その後は事実確認を行い、それに沿った対応を行います。

苦情受付段階での対応

　利用者宅の訪問時や利用者からの電話で、突然の苦情を受けると、動揺したり苛立ったりしてしまうかもしれません。しかし、苦情はより良い事業所運営のヒントになるケースも多くあります。また、事業所に直接申し立てているということは、まだ事業所への信頼関係があるということでもあります。

　まずは、話したいことをすべて話してもらい、怒りを収めてもらうことが大切です。「本当のことですか？」などと、**相手の話す内容をさえぎったり、否定したりしないように**注意します。ただし、相手の言うことを鵜呑みにせず、安易な謝罪やヘルパー交代等の要望に即答してはいけません。

　話をひと通り聞き終わったら、**連絡をもらったことに謝意を述べ、事実を確認する時間をもらいたいこと**を伝えます。

事実確認とその後の対応

　担当ヘルパーに苦情があったことを伝え、事実を確認します。ヘルパー個人の問題として責めるのではなく、**事業所全体に向けられた苦情として一緒に考えたいという姿勢**が重要です。利用者宅での事実確認では、ヘルパーに確認した事実でこちらに明らかな不手際があれば誠実に謝罪をします。契約書や訪問介護計画等を改めて確認する必要があれば一緒に確認し、必要であれば、訪問介護計画等を修正する旨を伝えます。

　サービスの継続が決まれば、サ責は**その後の最初の日は同行訪問し、改めて謝罪し、改善計画を伝えます。**利用者等の了承を得たら、**苦情受付書に記録**します。職員全体に周知し、再発防止に努めます。

+α　指定基準第36条の2には、介護相談員派遣事業（利用者の不満や不安を受け付け、事業者と行政との橋渡し役をしつつ、問題の改善を図る）に協力することも規定されています（p.157参照）。

苦情への対応

苦情の受付

まずは連絡をくれたことへの謝意を伝え、相手の話をひと通り聞いて、「何があって、どう怒っているのか」を確認する。

注意 中途半端な謝罪や共感を避ける。

事実の確認

ヘルパーに対して⇒事業所全体への苦情として対応するという姿勢を見せて話を聞く。

利用者に対して⇒明らかな非があれば謝罪する。サービス内容に関する相違であれば、契約書や訪問介護計画等を提示して、サービス提供においての約束事について再確認する。

注意 感情的にならず、冷静に分析する。ただし、相手への配慮を忘れない。

その後の対応

サービス継続が決まれば、その後の最初の訪問は同行する。改善計画を伝え了承を得る。

注意 数週間以内に再訪し、問題が解決しているか確認する。

 Point

苦情連絡への対応

感情的な苦情の連絡でも、**連絡をくれたことへの謝意**を述べて話を聞く姿勢を示す等の対応で、感情を鎮めてもらえるように努めることが大切です。**お互いに冷静**になることで、迅速な問題解決につながります。

苦情処理

苦情が発生すれば事故と同様、迅速に対応する必要があります。予防の重要性はもちろんですが、あらかじめ対応の流れを理解しておくことも大切です。

苦情処理の窓口と報告書

苦情処理については、指定基準第36条に下記のように規定されています。

> 第36条　指定訪問介護事業者は、提供した指定訪問介護に係る利用者及びその家族からの苦情に迅速かつ適切に対応するために、苦情を受け付けるための窓口を設置する等の必要な措置を講じなければならない。

利用者や家族からの苦情を受け付ける窓口を設置する等の措置を講じることが定められています。**重要事項説明書に、事業所の苦情担当者が記載されている**ので、あらかじめ確認しておきましょう。

> 2　指定訪問介護事業者は、前項の苦情を受け付けた場合には、当該苦情の内容等を記録しなければならない。

第2項では、**苦情受付書の作成**を定めています。ひな型を提示している自治体もあるので、確認して進めましょう。

市町村や国保連への対応

重要事項説明書に苦情の担当窓口として記載されるのは、事業所の担当者以外に、市町村の苦情担当窓口と国保連の苦情担当窓口があります。

市町村や国保連は、利用者からの苦情を受け付けると、事業所に対して問い合わせや文書の提出依頼、調査等を行います。事業所は、それらに協力するとともに、指導や助言を受けた場合においては、必要な改善計画を立てて実行しなければなりません。そして、改善計画を実施した後は、**改善報告書等を市町村や国保連に提出**しなければなりません。

➕α　国保連が対応する苦情処理は、介護保険法上の指定サービスが対象です。基準該当サービスや市町村特別給付は対象となりません。

苦情処理の流れ

事業所と利用者間
で解決できた場合
はここまで

①重要事項説明書等で、苦情受付担当窓口をあ
らかじめ確認しておく

②苦情受付書の作成

③市町村や国保連から問い合わせがあったら、
その調査に協力し、助言に従った改善計画を
立てて実行する

④管理者は、市町村や国保連に対して、改善報
告書を提出する

サービスが適切に行われていても、利用者や家族への説明
不足により、苦情となるケースが多いようです。利用者が
理解できるように説明の方法を工夫しましょう。

 Point

苦情受付書への記録と保存

苦情の受付から対応、その後の状況を含めた**全過程を記録**しておきます。同
じ問題が起きないよう、適宜確認するようにしましょう。また、苦情受付書
は厚生労働省令によりサービスが終了してから2年間の**保存が義務付けられ
ています**。地域によっては3年以上の保存期間を定めている場合があります。
自事業所の自治体の条例を確認してください。

事故報告書

事故報告書（例）

報告年月日　20×× 年　8 月　25 日

事業所名	○○訪問介護ステーション		
事業所所在地	東京都○○区○○町△△1-1-1 TEL：03-1234-5678		
事業所番号	1111111111	**サービス種別**	訪問介護
記入者氏名	サービス提供責任者　森　花子		

利用者

フリガナ	キザワ　ヨシコ	**被保険者番号**	000000
氏名	木沢　美子		
要介護認定等	要介護 2		
生年月日	19×× 年　3 月　3 日　　8× 歳		
住所	東京都△△区△△坂 2 丁目 1-2	**利用者**	03-9999-9999

事故の概要

発生日時	20×× 年　8 月　25 日　　午前・午後　　15 時　30 分
発生場所	利用者宅の寝室
事故の種別	□ケガ　　　□骨折　　　□死亡　　　□その他（　　　　　）
事故の内容	おやつの後、ベッドからトイレ… 移乗介助の際、車いすが動き出… つく。ベッドに座らせ、痛みか…
事故の原因	移乗介助前に車いすにブレーキ… が、実際にはブレーキがかか… 点検したところ、ブレーキの部…
受診機関	
治療等の概要	

発生場所は、「利用者宅」だけでなく、詳しく記入します。

５Ｗ１Ｈを意識して、時系列で、一文は短い文章にして記入します。

「注意を怠った」等、担当ヘルパー個人の責任だけで終わらせるのではなく、事故の要因を①ヘルパー要因、②利用者要因、③環境要因の 3 つから考えます。

事故対応後の状況

利用者の現状	8/25　16：30　しばらく痛みがあったが、現在は治まっているという。
家族等への対応	8/25　16：45　電話で長女に状況を報告。
再発防止への取組	記入は、時系列で行います。損害賠償等についての交渉があればそれも記入します。
備考	

検討者	サービス提供責任者　　森　花子

事故が発生した場合は、速やかに事業所、利用者の家族、主治医及び居宅介護支援事業者へ連絡をするとともに、状態を確認し応急手当など必要な措置をします。

苦情受付書

受付日時	20×× 年 9 月 10 日 11 時 32 分	受付方法	□来所　□面談　☑電話　□文書
受付者氏名	森　花子		

申出人	氏名	杉　幸恵	住所	神奈川県横浜市 ○○区△△2-25
	利用者との関係	□本人　☑家族　□その他（　　　　）		
利用者氏名		杉　一夫		

苦情内容

種類	□話を聞いてほしい　□教えてほしい　□回答が欲しい □調査してほしい　☑改めてほしい　□謝罪してほしい □弁償してほしい　□その他（　　　　　）
概要	受付者の主観等を入れずに、申出人から訴えられた内容をそのまま記入します。
想定要因	□接遇　□説明・情報不足　□技術面　□その他（　　　　　） なぜ苦情が発生したか、想定できる範囲で記入します。ここでもヘルパー個人の責任だけにしないことが大切です。
処理経過	苦情申出時にその場で対応し解決できたのか、利用者やヘルパーに事実確認を行ったのか等を、時系列で記入します。
今後の対応	苦情の内容に関係する研修を実施する、利用者に対して検討した対応策を伝えて了承を得る等の再発防止のための対応を記入します。

6章　多職種との連携

多職種連携の意味

多職種連携の大切さはよく耳にするけれど、どう連携すればよいのかわからないと悩む人も多いかもしれません。名刺交換や営業活動だけでなく、その意義を改めて考えた連携が求められます。

多職種連携の目的

「連携」＝「お互いに顔と名前を知っていること」と考えている人もいるかもしれません。しかしそれは、あくまで知り合いのレベルでしかありません。

連携とは、同じ目的をもつ人同士が、連絡をとり協力して行うことをいいます。「同じ目的」とは、**より良いサービスを提供し、利用者のQOL※を高めること**です。あくまで**連携の中心は利用者**であることを忘れてはいけません。利用者の気持ちを無視して、事業所の利便性だけを求めた情報交換や、相手の都合だけを考えた情報提供は、連携とはいえないでしょう。

利用者一人ひとりの生活をより質の高いものにすることを共通の目的とし、それに対して共に動いていると、志の高い信頼できる連携関係が自然に生まれてくるはずです。

信頼される連携に必要なことは

他職種から信頼してもらうためには、まずは**訪問介護としての責任をしっかりと果たす**ことです。また、訪問介護の意義と内容に対して、自分がしっかりと理解して相手にわかるように説明できなければ、信頼は得られません。

そして多職種との連携では、**相手の仕事に対しての理解**が欠かせません。利用者の重度化が進むなか、これからはますます医療職との連携が特に求められます。医療知識を得られる研修の実施や参加等で学習する姿勢が必要です。その上で、相手が困っているときはできるだけ助ける、面倒なことでもサポートする等の**対応の積み重ねが信頼関係の構築**につながります。

 用語　**QOL**　Quality of Life の略。「生活の質」「人生の質」「生命の質」などと訳される。

多職種連携の中心は利用者

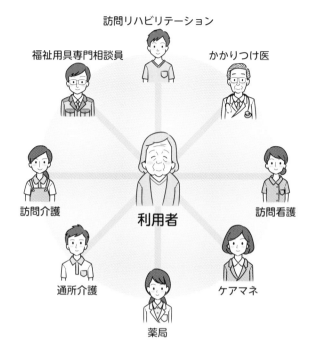

訪問リハビリテーション

福祉用具専門相談員

かかりつけ医

訪問介護

利用者

訪問看護

通所介護

ケアマネ

薬局

多職種連携はチームケアともよばれます。医療と介護を包括的に提供するために多職種が連携することが必要です。

 Point

医療職との連携

訪問介護計画を作成する際も、利用者の持病等の医療面にも留意したものにできるよう、最低限の医療の知識を身に付けることが大切です。**あやふやなことは必ず、医療職に確認しながら**進めます。

地域包括ケアでのサ責の役割

> 人が人を支える構造は「自助・互助・共助・公助」の4つに分類できます。地域包括ケアシステムにおいては、今後「自助」と「互助」の果たす役割が大きくなるとされています。

 ## 今後さらに求められる地域の介護力

　「地域包括ケアシステム」とは、重度の要介護状態になっても、住み慣れた地域で自分らしく最期まで暮らせるように、介護、医療、予防、住まい、生活支援が一体的に提供される体制のことです。国はこの地域包括ケアシステムの構築を目指して、さまざまな取り組みを行っています。

　この地域包括ケアシステムにおいて、超少子高齢化や財源不足を理由に、「公助」と「共助」の大幅な拡充を期待するのではなく、**「自助」と「互助」の役割を大きくする取り組み**が進められています。それぞれの地域による介護力の向上が求められているのです。2014年の介護保険法改正による介護予防訪問介護と介護予防通所介護の地域支援事業※への移行は、それを象徴しているといえるでしょう。

 ## 地域におけるサ責の役割とは

　訪問介護事業所は、この「自助」と「互助」の領域でどのような役割を担うべきでしょうか。訪問介護は、高齢者の自宅での生活に密着しているという強みをもっています。したがって、**ヘルパーたちが把握している高齢者のさまざまなニーズを他職種や地域に発信していく**役目が求められます。サ責は、ヘルパーから集められた貴重な情報を整理し、地域に発信していく役目があるのです。また、地域との協働により、地域での知名度向上や潜在的な利用者へのアピールなど、自社へのメリットを得られることもあるでしょう。

　今後広がりを見せるであろう保険外の自主事業等も見据えながら、積極的に地域との協働も進めていくことが必要です。

 地域支援事業　要介護状態等への予防や軽減・悪化の防止等を目的とした事業。全国一律の基準ではなく、実施者である市町村が基準を定め、サービスを提供する。

「自助・互助・共助・公助」からみた地域包括ケアシステム

自助（自分のことは自分でする）	互助（自発的に相互に支え合う）
・自立 ・セルフケア ・介護保険外サービス　など	・住民同士による助け合い ・ボランティア　など
共助（被保険者の負担）	**公助（税による公の負担）**
・介護保険に代表される社会保険制度及びサービス	・生活保護 ・虐待対策　など

「自助」と「互助」の果たす役割が大きくなることを意識した取り組みが必要

介護保険外サービス + 積極的な地域との協働

介護保険外サービスの例

配送サービス

訪問美容サービス

 Point

地域への発信

「積極的な地域との協働」では、訪問介護の強みである現場からのニーズの発信がその一つです。サービス提供記録やモニタリング等で得られた情報を整理し、**他職種を含む地域に発信すること**は**社会貢献**につながります。

各職種の役割を理解した連携

連携にあたっては、相手の役割を理解することが基本となります。それにより、相手の立場に立った「どのような情報提供を期待しているのか」を考えた情報交換が可能になります。

 ## 訪問介護との連携が多いサービス

福祉用具貸与・福祉用具販売

福祉用具とは、要介護者等の日常生活の自立の助長、または身体の機能訓練のための用具のことです。福祉用具の貸与あるいは販売を行う事業者は、**福祉用具専門相談員**を配置しなければなりません。**福祉用具に関する相談、用具の点検、使用方法の指導等**を行います。

居宅療養管理指導

医師、歯科医師、看護師、薬剤師、歯科衛生士、管理栄養士などの専門職が自宅を訪問し、それぞれの専門における**療養上の指導や健康管理、アドバイス**等を行います。

訪問看護

医師が必要と認めた要介護者に対して、訪問看護ステーションや病院・診療所の看護師等が**療養上の世話や診療の補助などを行うサービス**です。**医師による指示書が必要**です。**医師に計画書と報告書を提出**しなければなりません。

訪問リハビリテーション

理学療法士等のリハビリ職が自宅を訪問し、要介護者等に対して心身機能の維持回復を図り、日常生活の自立を助けるために行われる**理学療法や作業療法、その他必要なリハビリテーション**を行うサービスです。**医師による指示書が必要**です。サービスの実施状況と評価を記録した診療記録を作成して**医師に報告**します。

＋α　福祉用具専門相談員の資格要件は、保健師、看護師（准看護師）、理学療法士、作業療法士、社会福祉士、介護福祉士、義肢装具士、専門講習修了者です。

医療系サービスは医師の指示書が必要

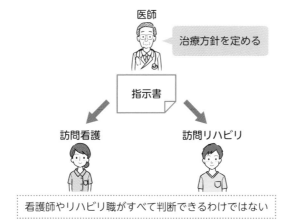

医師

治療方針を定める

指示書

訪問看護　　　　　　　訪問リハビリ

看護師やリハビリ職がすべて判断できるわけではない

リハビリ職の役割

理学療法士（PT）	医師の指示のもとに、歩く、食べる、座るなどの**日常生活で基本となる身体機能**のリハビリを行う
作業療法士（OT）	医師の指示のもとに、理学療法で回復した機能に加え、**社会復帰のための応用動作の回復**を目的としたリハビリを行う。また、心のリハビリもあわせて行う
言語聴覚士（ST）	医師の指示のもとに、話すことや食べること、聞くことなどで、障害や悩みを抱えている人に対してリハビリを行う。**嚥下トレーニングや失語症のリハビリ、補聴器の調整、認知症のケア**など

 Point

各職種の役割

それぞれの役割（専門性）を尊重した**情報交換や意見交換**が重要です。医師やケアマネに対して遠慮する介護職もいますが、利用者のより良い生活のために、訪問介護の専門性に自信をもって、**サービス担当者会議等で発言して**いかなければなりません。

6章 多職種との連携
多職種連携の方法

専門職同士の多職種連携においても、基本的なマナーが重要であることを改めて認識しておきます。また地域での連携促進の取り組みも積極化しており、活用・導入準備の姿勢が必要です。

基本的なマナーをベースに、専門性を活かした連携を

多職種連携も、人と人の関係です。忙しい時間帯の連絡はできるだけ避ける、優先順位を決められるよう、どの程度急ぐ用件か判断してから連絡する等、**お互いの立場を理解し、思いやりをもって行動する**ことが大切です。そうした誠実な行動の積み重ねが相互の信頼関係を深めます。

そして、**それぞれの専門性が活かせるよう配慮した報告・相談**が求められます。例えば、「最近食欲がないようだ」だけでは、医療職は判断ができません。具体的に、いつから・どの程度食事量が減ったのか、他に利用者の様子で気になる点はないかなど、判断の材料となる根拠を示す努力を経た報告・相談が求められます。

地域での多職種連携の取り組みをチェック

従来、多職種との情報共有においては、ケアマネが電話等で個々に連絡をするか、サービス担当者会議で行うしかありませんでした。しかし、現在、多くの地域において**多職種連携のための研修会や交流イベント**などが開催されています。こうした機会に積極的に参加することで、平素から顔の見える関係を構築することが可能でしょう。

一部の地域ではスムーズな多職種連携に向けて、**ICT ※の活用による多職種連携**を進めているところや、記載すべき項目や内容、記入書式などを整理した**統一の多職種連携ノートを導入**しているところもあります。これら地域の多職種連携の取り組みをチェックし、積極的に活用しましょう。

134 **用語** ICT Information and Communication Technologyの略。情報通信技術。通信情報を活用したコミュニケーションをいう。国も介護の領域におけるICT化を積極的に進めている。

多職種連携のポイント

・抽象的な報告・相談ではなく、具体性・根拠を示す努力をする

・臆せず意見や質問をする

・互いの専門性を尊重する

・多職種連携の中心は利用者であることを忘れない

地域による多職種連携の取り組み（例）

多職種連携の研修会

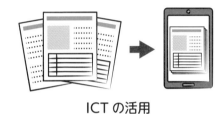

ICT の活用

見守り機器や介護記録ソフトウエアなどの ICT 機器の複数導入などは、2024 年改定で新設された生産性向上推進体制加算の要件となります。職員の業務改善を目的として新設されました。

Point

ICT の活用

急速な高齢化に伴い介護の需要が増していくなか、業務を効率化するためには ICT の活用が有効です。ICT を活用することにより、**事務作業の軽減**を図り生産性を向上させることができます。一方で、情報管理システムが脆弱だと漏洩のリスクもあるため、十分なシステムを備えて管理します。

認知症について知る

　認知症とは、さまざまな脳の障害によって認知機能が低下し、日常生活や社会生活に支障をきたす状態をいいます。年齢を重ねるほど発症する可能性が高まります。

　加齢による物忘れと認知症による物忘れには、下記のような違いがあります。

加齢による物忘れと認知症の違い

	加齢による物忘れ	認知症
原因	脳の老化	脳の病気
進行	ほぼ進行しない	徐々に進行する
忘れる範囲	一部	全体
自覚	ある	ない
判断力の低下	起こらない	起こる

おもな認知症の特徴

アルツハイマー型 認知症	（原因）脳にβたんぱくが異常蓄積 （症状の特徴）認知能力が全般的に低下、BPSD を伴う
脳血管性認知症	（原因）脳血管障害 （症状の特徴）まだら認知症、感情失禁
レビー小体型認知症	（原因）脳にレビー小体が付着 （症状の特徴）パーキンソン症状、幻視、便秘等の自律神経症状
ピック病 （前頭側頭型認知症）	（原因）前頭葉や側頭葉の萎縮 （症状の特徴）人格障害、反社会的行動

　認知症は早期発見と適切な対応により、進行を遅らせることができるとされています。また、認知症の症状を理解することは、利用者の気持ちや不安の原因を想像するうえでとても重要なヒントとなります。2024 年には、認知症に関する施策の基礎となる認知症基本法が施行されました。事業所内でも、研修等で認知症について積極的に学ぶ姿勢が今後ますます求められてくるでしょう。

巻末資料

- 訪問介護の指定基準（抜粋）

- 訪問介護におけるサービス行為ごとの区分等について（老計第10号）

- 指定訪問介護事業所の事業運営の取扱等について（老振第76号）

- 介護報酬　訪問介護費（主なもの）

訪問介護の指定基準 （抜粋）

※左側は指定基準の条文、右側は条文の解説です。
※条文の下線、解説文の太字はポイントとなる部分です。（編著者によるもの）

第1節　基本方針

基本方針

第4条　指定居宅サービスに該当する訪問介護（以下「指定訪問介護」という。）の事業は、要介護状態となった場合においても、その利用者が可能な限りその居宅において、<u>その有する能力に応じ自立した日常生活を営むことができるよう</u>、入浴、排せつ、食事の介護その他の生活全般にわたる援助を行うものでなければならない。

「その有する能力に応じ自立した日常生活を営むことができるよう」とは、**介護保険法の目的・基本理念である自立支援**を指しています（介護保険法第1条）。

第2節　人員に関する基準

訪問介護員等の員数

第5条　指定訪問介護の事業を行う者（以下「指定訪問介護事業者」という。）が当該事業を行う事業所（以下「指定訪問介護事業所」という。）ごとに置くべき<u>訪問介護員等</u>（指定訪問介護の提供に当たる介護福祉士又は法第8条第2項に規定する政令で定める者をいう。以下この節から第4節までにおいて同じ。）の員数は、<u>常勤換算方法</u>で、<u>2.5以上</u>とする。

事業所ごとに、**常勤換算方法**で訪問介護員等の配置が**2.5人以上**必要です。介護福祉士または介護職員初任者研修や実務者研修の修了者という資格要件があります（生活援助中心型のみを提供する場合は生活援助従事者研修修了者でも可）。なお「法」とは、介護保険法のことを指しています。

2　指定訪問介護事業者は、指定訪問介護事業所ごとに、常勤の訪問介護員等のうち、利用者（中略）の数が<u>40又はそ</u>

事業所ごとに、サービス提供責任者は、利用者40人に対して1人以上の配置が必要です。

の端数を増すごとに1人以上の者をサービス提供責任者としなければならない。この場合において、当該サービス提供責任者の員数については、利用者の数に応じて常勤換算方法によることができる。

3　前項の利用者の数は、前3月の平均値とする。ただし、新規に指定を受ける場合は、推定数による。

4　第2項のサービス提供責任者は介護福祉士その他厚生労働大臣が定める者であって、専ら指定訪問介護に従事するものをもって充てなければならない。ただし、利用者に対する指定訪問介護の提供に支障がない場合は、同一敷地内にある指定定期巡回・随時対応型訪問介護看護事業所（中略）又は指定夜間対応型訪問介護事業所(中略)に従事することができる。

5　第2項の規定にかかわらず、常勤のサービス提供責任者を3人以上配置し、かつ、サービス提供責任者の業務に主として従事する者を1人以上配置している指定訪問介護事業所において、サービス提供責任者が行う業務が効率的に行われている場合にあっては、当該指定訪問介護事業所に置くべきサービス提供責任者の員数は、利用者の数が50又はその端数を増すごとに1人以上とすることができる。

利用者数	必要人員
40人以下	常勤1人
41〜80人	常勤2人
81〜120人	常勤3人
121〜160人	常勤4人
161〜200人	常勤5人

利用者数は、**過去3か月の平均値**を用います。

サービス提供責任者は、**原則として専従**です。ただし、利用者へのサービス提供に支障がない場合は、次の職務について兼務が認められます。
①同一敷地内にある指定定期巡回・随時対応型訪問介護看護事業所の職務
②同一敷地内にある指定夜間対応型訪問介護事業所の職務
③当該指定訪問介護事業所の管理者の職務

サービス提供責任者を**手厚く配置**している場合等の基準です。

利用者数	必要人員
50人以下	常勤3人
51〜100人	常勤3人
101〜150人	常勤3人
151〜200人	常勤4人
201〜250人	常勤5人

管理者

第6条　指定訪問介護事業者は、指定訪問介護事業所ごとに専らその職務に従事する常勤の管理者を置かなければならない。ただし、指定訪問介護事業所の管理上支障がない場合は、当該指定訪問介護事業所の他の職務に従事し、又は他の事業所、施設等の職務に従事することができるものとする。

管理者についての規定です。**管理者については、資格要件はありません。** そして、訪問介護事業所の管理の職務に支障がない場合は、**サ責等の職務を兼務**することができます。（詳細は本文 p.18 に記載）

第3節　設備に関する基準

設備及び備品等

第7条　指定訪問介護事業所には、事業の運営を行うために必要な広さを有する専用の区画を設けるほか、指定訪問介護の提供に必要な設備及び備品等を備えなければならない。

2　指定訪問介護事業者が第5条第2項に規定する第一号訪問事業に係る指定事業者の指定を併せて受け、かつ、指定訪問介護の事業と当該第一号訪問事業とが同一の事業所において一体的に運営されている場合については、市町村の定める当該第一号訪問事業の設備に関する基準を満たすことをもって、前項に規定する基準を満たしているものとみなすことができる。

訪問介護事業所は、事業運営を行うために必要な広さの事業所または区画を設けていなければなりません。また、訪問介護の提供に必要な設備や備品を確保しなければなりません。訪問介護事業と第一号訪問事業が同一の事業所で一体的に運営されている場合には、**設備及び備品に関する基準を満たしている**とみなされます。

第4節　運営に関する基準

内容及び手続の説明及び同意

第8条　指定訪問介護事業者は、指定訪問介護の提供の開始に際し、あらかじめ、利用申込者又はその家族に対し、第29条に規定する運営規程の概要、訪問介護員等の勤務の体制その他の利用申込者のサービスの選択に資すると認められる重要事項を記した文書を交付して説明を行い、当該提供の開始について利用申込者の同意を得なければならない。

2　指定訪問介護事業者は、利用申込者又はその家族からの申出があった場合には、前項の規定による文書の交付に代えて、第5項で定めるところにより、当該利用申込者又はその家族の承諾を得て、当該文書に記すべき重要事項を電子情報処理組織を使用する方法その他の情報通信の技術を利用する方法（中略）（以下この条において「電磁的方法」という。）により提供することができる。この場合において、当該指定訪問介護事業者は、当該文書を交付したものとみなす。

一　電子情報処理組織を使用する方法のうちイ又はロに掲げるもの
（中略）
二　電磁的記録媒体（中略）をもって調製するファイルに前項に規定する重要事項を記録したものを交付する方法

訪問介護事業者は、利用者に対し適切な訪問介護を提供するため、その提供の開始に際して、あらかじめ、利用申込者またはその家族に対して、運営規程の概要等の利用申込者がサービスを選択するために必要な重要事項について、**わかりやすい説明書やパンフレット等の文書を交付して、丁寧に説明し、同意を得なければなりません。**（詳細は本文 p.72 に記載）

電磁的方法とは、次のことをいいます。

・電子情報処理組織を使用する方法のうち、次の①、②に掲げるもの
①事業者（送信者）がインターネット等を通じて受信者に送信し、受信者がパソコンに備えられたファイルに記録する方法 **（例：電子メールなど）**
②事業者のパソコン等に記録された内容（重要事項など）を、インターネット等を通じて利用者が閲覧し、その内容を記録する方法 **（例：Web サイトなど）**

・**磁気ディスク、CD-ROM**などの一定の事項を確実に記録しておくことができる物で作成したファイルに情報を記録したものを交付する方法

4 　第２項第一号の「電子情報処理組織」とは、指定訪問介護事業者の使用に係る電子計算機と、利用申込者又はその家族の使用に係る電子計算機とを電気通信回線で接続した電子情報処理組織をいう。

「電子情報処理組織」とは、**パソコン等**を指します。利用者又はその家族からの申出があった場合には、電子情報処理組織を活用して、重要事項説明書等を交付することができます。**個人情報の保護に留意しなければならないことは言うまでもありません。**

5 　指定訪問介護事業者は、第２項の規定により第１項に規定する重要事項を提供しようとするときは、あらかじめ、当該利用申込者又はその家族に対し、その用いる次に掲げる電磁的方法の種類及び内容を示し、文書又は電磁的方法による承諾を得なければならない。
一 　第２項各号に規定する方法のうち指定訪問介護事業者が使用するもの
二 　ファイルへの記録の方式
6 　前項の規定による承諾を得た指定訪問介護事業者は、当該利用申込者又はその家族から文書又は電磁的方法により電磁的方法による提供を受けない旨の申出があったときは、当該利用申込者又はその家族に対し、第１項に規定する重要事項の提供を電磁的方法によってしてはならない。ただし、当該利用申込者又はその家族が再び前項の規定による承諾をした場合は、この限りでない。

電磁的方法（電子メールの送付やWeb サイトへの掲載）により、重要事項を提供する場合には、あらかじめ、利用者またはその家族に、どのような方法で提供するのか、またどのようにファイルに記録されているのかを説明し、文書またはメール等で承諾を得なければなりません。
その際に、利用者またはその家族から、電磁的方法による提供ではなく、**文書による提供を申し込まれた場合は、電磁的方法での提供をしてはなりません。**

提供拒否の禁止

第９条　指定訪問介護事業者は、正当な理由なく指定訪問介護の提供を拒んではならない。

訪問介護事業者は、**原則として利用申込に対して拒否してはならない**ことを規定したものです。

サービス提供困難時の対応

第10条　指定訪問介護事業者は、当該指定訪問介護事業所の通常の事業の実施地域（中略）等を勘案し、利用申込者に対し自ら適切な指定訪問介護を提供することが困難であると認めた場合は、当該利用申込者に係る居宅介護支援事業者（中略）への連絡、適当な他の指定訪問介護事業者等の紹介その他の必要な措置を速やかに講じなければならない。

正当な理由により、利用申込者に対して訪問介護サービスを提供することが困難である場合は、当該利用者の**担当の居宅介護支援事業者へ連絡**すること、**他の訪問介護事業者の紹介**などの必要な措置をとらなければなりません。（詳細は本文 p.42 に記載）

受給資格等の確認

第11条　指定訪問介護事業者は、指定訪問介護の提供を求められた場合は、その者の提示する被保険者証によって、被保険者資格、要介護認定の有無及び要介護認定の有効期間を確かめるものとする。

介護保険給付を受けるためには、**要介護認定を受けていること**が必要です。利用者の提示する被保険者証によって、被保険者資格、要介護認定の有無および要介護認定の有効期間を確かめなければなりません。

2　指定訪問介護事業者は、前項の被保険者証に、法第73条第2項に規定する認定審査会意見が記載されているときは、当該認定審査会意見に配慮して、指定訪問介護を提供するように努めなければならない。

被保険者証には、下記のような介護認定審査会の意見が記載されている場合があります。

①**要介護状態の軽減または悪化の防止のために必要な療養に関する事項**

②**指定居宅サービスの適切かつ有効な利用等に関し被保険者が留意すべき事項**

③**認定の有効期間の短縮や延長に関する事項**

このうち②について記載がある場合は、これに配慮してサービスを提供するよう努めなければなりません。

要介護認定の申請に係る援助

第12条　指定訪問介護事業者は、指定訪問介護の提供の開始に際し、要介護認定を受けていない利用申込者については、要介護認定の申請が既に行われているかどうかを確認し、申請が行われていない場合は、当該利用申込者の意思を踏まえて速やかに当該申請が行われるよう必要な援助を行わなければならない。

2　指定訪問介護事業者は、居宅介護支援（これに相当するサービスを含む。）が利用者に対して行われていない等の場合であって必要と認めるときは、要介護認定の更新の申請が、遅くとも当該利用者が受けている要介護認定の有効期間が終了する30日前にはなされるよう、必要な援助を行わなければならない。

要介護認定を受けるまでの間に介護サービスを利用した場合でも、**認定申請済みであれば、認定後に認定申請時まで遡って、介護保険の給付を受けることができます。**

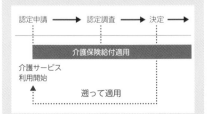

要介護認定の申請ができていない場合には、利用者の意思を踏まえて、認定申請が行われるよう、必要な援助を行わなければなりません。これらは、更新申請の場合も同じです。

心身の状況等の把握

第13条　指定訪問介護事業者は、指定訪問介護の提供に当たっては、利用者に係る居宅介護支援事業者が開催するサービス担当者会議（中略）等を通じて、利用者の心身の状況、その置かれている環境、他の保健医療サービス又は福祉サービスの利用状況等の把握に努めなければならない。

サービス担当者会議に参加し、利用者の心身の状況や環境、他のサービスの利用状況等について把握するよう努めなければならないと規定しています。

居宅介護支援事業者等との連携

第14条　指定訪問介護事業者は、指定訪問介護を提供するに当たっては、居宅介護支援事業者その他保健医療サービス

訪問介護サービスを提供するにあたって、**居宅介護支援事業者や、その他のサービスを提供する人たちと**

又は福祉サービスを提供する者（以下「居宅介護支援事業者等」という。）との密接な連携に努めなければならない。

2　指定訪問介護事業者は、指定訪問介護の提供の終了に際しては、利用者又はその家族に対して適切な指導を行うとともに、当該利用者に係る居宅介護支援事業者に対する情報の提供及び保健医療サービス又は福祉サービスを提供する者との密接な連携に努めなければならない。

の密接な連携が求められます。

また、訪問介護サービス提供の終了に際しては、**利用者やその家族に対してアドバイス**等を行うとともに、居宅介護支援事業者に対して情報の提供を行い、その他のサービスを提供する人たちとの密接な連携が求められます。（詳細は本文p.128に記載）

法定代理受領サービスの提供を受けるための援助

第15条　指定訪問介護事業者は、指定訪問介護の提供の開始に際し、利用申込者が介護保険法施行規則（平成11年厚生省令第36号。以下「施行規則」という。）第64条各号のいずれにも該当しないときは、当該利用申込者又はその家族に対し、居宅サービス計画の作成を居宅介護支援事業者に依頼する旨を市町村に対して届け出ること等により、指定訪問介護の提供を法定代理受領サービスとして受けることができる旨を説明すること、居宅介護支援事業者に関する情報を提供することその他の法定代理受領サービスを行うために必要な援助を行わなければならない。

介護保険の保険給付は、法律上では**償還払い方式が原則**です。償還払い方式とは、利用したサービスにかかった費用全額をいったん利用者自身が支払い、その後に保険者に保険給付の請求をして、その費用の全部または一部を払い戻してもらう方法です。しかし、利用者の利便性などを考え、実際の給付では原則として現物給付（サービスそのものの給付）がされています。これを**法定代理受領方式**といいます。この法定代理受領方式によるサービスを受けるためには、**ケアプランの作成が必要**です。ケアプランを作成するために必要な援助を行います。

145

居宅サービス計画に沿ったサービスの提供

第16条　指定訪問介護事業者は、居宅サービス計画（中略）が作成されている場合は、当該計画に沿った指定訪問介護を提供しなければならない。

ケアプランに沿った**訪問介護計画**を提供しなければなりません。

居宅サービス計画等の変更の援助

第17条　指定訪問介護事業者は、利用者が居宅サービス計画の変更を希望する場合は、当該利用者に係る居宅介護支援事業者への連絡その他の必要な援助を行わなければならない。

サービス提供開始後、利用者からケアプランの変更の希望を受けた場合は、**ケアマネへ連絡するなどの援助を行わなければなりません。**

身分を証する書類の携行

第18条　指定訪問介護事業者は、訪問介護員等に身分を証する書類を携行させ、初回訪問時及び利用者又はその家族から求められたときは、これを提示すべき旨を指導しなければならない。

利用者が安心して訪問介護サービスを受けられるよう、**訪問介護員等に身分を明らかにできる証書や名札等を持たせます。**初回訪問時や利用者またはその家族から求められたときは、提示すべきことを指導しなければなりません。

サービスの提供の記録

第19条　指定訪問介護事業者は、指定訪問介護を提供した際には、当該指定訪問介護の提供日及び内容、当該指定訪問介護について法第41条第6項の規定により利用者に代わって支払を受ける居宅介護サービス費の額その他必要な事項を、利用者の居宅サービス計画を記載した書面又はこれに準ずる書面に記載しなければならない。

サービスの提供の記録をしなければならないことが規定されています。1つ目は**給付管理についての記録**で、居宅介護サービス費の額等を、居宅サービス計画またはサービス利用票等に記載することが規定されています。2つ目は**サービス提供の際、具体的なサービス内容を記録**することが規定されています。そして、利用

2　指定訪問介護事業者は、指定訪問介護を提供した際には、提供した具体的なサービスの内容等を記録するとともに、利用者からの申出があった場合には、文書の交付その他適切な方法により、その情報を利用者に対して提供しなければならない。

者からの求めがあった場合には、文書の交付その他適切な方法により、情報の提供を行わなければなりません。

利用料等の受領

第20条　指定訪問介護事業者は、法定代理受領サービスに該当する指定訪問介護を提供した際には、その利用者から利用料の一部として、当該指定訪問介護に係る居宅介護サービス費用基準額から当該指定訪問介護事業者に支払われる居宅介護サービス費の額を控除して得た額の支払を受けるものとする。

介護保険サービスに該当する訪問介護サービスを提供すれば、**利用者から利用料として、1割または2割または3割の支払い**を受けなければならないことを規定しています。

2　指定訪問介護事業者は、法定代理受領サービスに該当しない指定訪問介護を提供した際にその利用者から支払を受ける利用料の額と、指定訪問介護に係る居宅介護サービス費用基準額との間に、不合理な差額が生じないようにしなければならない。

介護保険外の訪問介護サービスを提供した場合や**区分支給限度基準額を超えて**訪問介護サービスを提供した場合は、**利用者は10割の自己負担**が必要です。利用者間の公平および利用者の保護の観点から、これら介護保険外サービスにおいて、介護保険サービスと比べて不合理な差額を設けてはならないことを定めています。

3　指定訪問介護事業者は、前2項の支払を受ける額のほか、利用者の選定により通常の事業の実施地域以外の地域の居宅において指定訪問介護を行う場合は、それに要した交通費の額の支払を利用者から受けることができる。

前2項の利用料のほかに、利用者の選定により通常の事業の実施地域以外の地域の居宅において、訪問介護を行う場合は**交通費の支払いを利用者から受け取れる**ことを明記しています。ただし、この交通費の支払い

147

4　指定訪問介護事業者は、前項の費用の額に係るサービスの提供に当たっては、あらかじめ、利用者又はその家族に対し、当該サービスの内容及び費用について説明を行い、<u>利用者の同意</u>を得なければならない。

を受けるに当たっては、**あらかじめ**利用者またはその家族に対してその額等に関して説明を行い、**利用者の同意**を得なければなりません。

保険給付の請求のための証明書の交付

第21条　指定訪問介護事業者は、法定代理受領サービスに該当しない指定訪問介護に係る利用料の支払を受けた場合は、提供した指定訪問介護の内容、費用の額その他必要と認められる事項を記載したサービス提供証明書を利用者に対し<u>て交付</u>しなければならない。

法定代理受領サービスに該当しない訪問介護サービスを提供した場合は、そのサービスの内容、費用その他利用者が保険給付を請求するうえで必要と認められる事項を記載した**サービス提供証明書を利用者に対して交付**しなければなりません。これは利用者が市町村に対する**保険給付の請求を容易に行えるよう**にしたものです。

指定訪問介護の基本取扱方針

第22条　指定訪問介護は、利用者の要介護状態の軽減又は悪化の防止に資するよう、<u>その目標を設定し、計画的に行わ</u>れなければならない。
2　指定訪問介護事業者は、自らその提供する指定訪問介護の質の評価を行い、<u>常にその改善を図らなければならない。</u>

訪問介護サービスは、利用者の要介護状態の軽減または悪化の防止ができるよう目標を設定し、計画的に行わなければなりません。また、介護技術の進歩に対応した**最善のサービスを提供できるよう新しい技術を習得する等、技術の研鑽**を常に行わなければなりません。

指定訪問介護の具体的取扱方針

第23条　訪問介護員等の行う指定訪問介護の方針は、次に掲げるところによる

訪問介護サービスは、**訪問介護計画に基づいて**提供されます。

ものとする。

一　指定訪問介護の提供に当たっては、次条第1項に規定する訪問介護計画に基づき、利用者が日常生活を営むのに必要な援助を行う。

二　指定訪問介護の提供に当たっては、懇切丁寧に行うことを旨とし、利用者又はその家族に対し、サービスの提供方法等について、理解しやすいように説明を行う。

訪問介護サービスは、親切丁寧に行い、利用者やその家族に対して**サービスの提供方法等についてわかりやすいように説明**します。

三　指定訪問介護の提供に当たっては、当該利用者又は他の利用者等の生命又は身体を保護するため緊急やむを得ない場合を除き、身体的拘束その他利用者の行動を制限する行為（以下「身体的拘束等」という。）を行ってはならない。

四　前号の身体的拘束等を行う場合には、その態様及び時間、その際の利用者の心身の状況並びに緊急やむを得ない理由を記録しなければならない。

利用者または他の利用者等の生命または身体を保護するため緊急やむを得ない場合を除いて、**身体的拘束等を行ってはいけません。**
やむを得ず身体的拘束等を行う場合は、その**態様・時間・利用者の心身の状況・緊急やむを得ない理由を記録**しなければなりません。

五　指定訪問介護の提供に当たっては、介護技術の進歩に対応し、適切な介護技術をもってサービスの提供を行う。

介護技術の進歩に対応した適切なサービスを提供できるよう、**常に新しい技術を学ぶなど、研鑽を行います。**

六　常に利用者の心身の状況、その置かれている環境等の的確な把握に努め、利用者又はその家族に対し、適切な相談及び助言を行う。

提供した介護サービスについて、**目標達成の度合い**や利用者及びその家族の満足度等について常に評価を行い、利用者またはその家族に対して必要な相談や助言を行います。

訪問介護計画の作成

第 24 条　サービス提供責任者（第 5 条第 2 項に規定するサービス提供責任者をいう。以下この条及び第 28 条において同じ。）は、利用者の日常生活全般の状況及び希望を踏まえて、指定訪問介護の目標、当該目標を達成するための具体的なサービスの内容等を記載した訪問介護計画を作成しなければならない。
2　訪問介護計画は、既に居宅サービス計画が作成されている場合は、当該計画の内容に沿って作成しなければならない。
3　サービス提供責任者は、訪問介護計画の作成に当たっては、その内容について利用者又はその家族に対して説明し、利用者の同意を得なければならない。
4　サービス提供責任者は、訪問介護計画を作成した際には、当該訪問介護計画を利用者に交付しなければならない。
5　サービス提供責任者は、訪問介護計画の作成後、当該訪問介護計画の実施状況の把握を行い、必要に応じて当該訪問介護計画の変更を行うものとする。
6　第 1 項から第 4 項までの規定は、前項に規定する訪問介護計画の変更について準用する。

サービス提供責任者の責務である訪問介護計画の作成について書かれたものです。（詳細は本文 p.66 に記載）なお、訪問介護における生活援助中心型のサービス回数（生活援助だけで入っている回数）は、要介護区分ごとに厚生労働大臣が定めた基準回数があります。これを上回るケアプランについては、ケアマネジャーが保険者に届け出ます。訪問介護計画はその際の提出書類の一つです。サ責はケアマネジャーに提出します。

同居家族に対するサービス提供の禁止

第 25 条　指定訪問介護事業者は、訪問介護員等に、その同居の家族である利用者に対する訪問介護の提供をさせてはならない。

原則として、同居している家族に対して利用者と同等のサービスを提供してはいけないことを規定しています。

利用者に関する市町村への通知

第26条　指定訪問介護事業者は、指定訪問介護を受けている利用者が次の各号のいずれかに該当する場合は、遅滞なく、意見を付してその旨を市町村に通知しなければならない。

一　正当な理由なしに指定訪問介護の利用に関する指示に従わないことにより、要介護状態の程度を増進させたと認められるとき。

二　偽りその他不正な行為によって保険給付を受け、又は受けようとしたとき。

市町村は、正当な理由なしにサービスの利用等に関する指示に従わないことにより**要介護状態を悪化させた者**や、偽りその他不正な行為によって、**本来受けることができない保険給付を受けた者**から、**その全部または一部を徴収**することができます。指定訪問介護事業者は、保険給付の適正化の観点から、これらの利用者について市町村に通知しなければなりません。

緊急時等の対応

第27条　訪問介護員等は、現に指定訪問介護の提供を行っているときに利用者に病状の急変が生じた場合その他必要な場合は、速やかに主治の医師への連絡を行う等の必要な措置を講じなければならない。

訪問介護員等が**訪問介護サービスを提供中**に、**利用者に病状の急変が生じた場合**などは、**速やかに主治医への連絡**を行う等の必要な措置を講じなければなりません。

管理者及びサービス提供責任者の責務

第28条　指定訪問介護事業所の管理者は、当該指定訪問介護事業所の従業者及び業務の管理を、一元的に行わなければならない。

2　指定訪問介護事業所の管理者は、当該指定訪問介護事業所の従業者にこの章の規定を遵守させるため必要な指揮命令を行うものとする。

3　サービス提供責任者は、第24条に規定する業務のほか、次に掲げる業務を行うものとする。

管理者とサ責の役割分担について規定しています。（詳細は本文 p.18 に記載）
第1項と第2項が管理者の責務、第3項がサービス提供責任者の業務を規定しています。
第3項の第24条に規定する業務とは、先に説明した「**訪問介護計画の作成**」です。このほか利用者のサービス提供にかかわる業務や訪問介護員の管理等について規定しています。

一　指定訪問介護の利用の申込みに係る調整をすること。

二　利用者の状態の変化やサービスに関する意向を定期的に把握すること。

二の二　居宅介護支援事業者等に対し、指定訪問介護の提供に当たり把握した利用者の服薬状況、口腔機能その他の利用者の心身の状態及び生活の状況に係る必要な情報の提供を行うこと。

三　サービス担当者会議への出席等により、居宅介護支援事業者等と連携を図ること。

四　訪問介護員等（サービス提供責任者を除く。以下この条において同じ。）に対し、具体的な援助目標及び援助内容を指示するとともに、利用者の状況についての情報を伝達すること。

五　訪問介護員等の業務の実施状況を把握すること。

六　訪問介護員等の能力や希望を踏まえた業務管理を実施すること。

七　訪問介護員等に対する研修、技術指導等を実施すること。

八　その他サービス内容の管理について必要な業務を実施すること。

サ責の業務は次の通りです。
①訪問介護計画の作成
②利用申込みの調整
③利用者の状態等の把握
④居宅介護支援事業者等への情報提供
⑤居宅介護支援事業者等との連携
⑥訪問介護員等に対する援助に関する指示
⑦訪問介護員等の業務の実施状況の把握
⑧訪問介護員等の業務の管理
⑨訪問介護員等に対する研修や技術指導等の実施
⑩その他の業務（請求事務など）

運営規程

第29条　指定訪問介護事業者は、指定訪問介護事業所ごとに、次に掲げる事業の運営についての重要事項に関する規程（以下この章において「運営規程」という。）を定めておかなければならない。

一　事業の目的及び運営の方針

訪問介護事業の適正な運営と利用者に対する適切なサービスを提供するため、運営規程に定めることを規定しています。**運営規程の内容は、重要事項説明書や契約書にも明記されます。**

二　従業者の職種、員数及び職務の内容

三　営業日及び営業時間

四　指定訪問介護の内容及び利用料その他の費用の額

五　通常の事業の実施地域

六　緊急時等における対応方法

七　虐待の防止のための措置に関する事項

八　その他運営に関する重要事項

介護等の総合的な提供

第29条の2　指定訪問介護事業者は、指定訪問介護の事業の運営に当たっては、入浴、排せつ、食事等の介護又は調理、洗濯、掃除等の家事(以下この条において「介護等」という。)を常に総合的に提供するものとし、介護等のうち特定の援助に偏することがあってはならない。

訪問介護事業の運営にあたっては、**多種多様な訪問介護サービスを提供**すべきことを明確にしたものです。つまり、身体介護のうちの特定のサービスに偏ったり、生活援助のうちの特定のサービスに偏ったり、通院等のための乗車または降車の介助に限定したりしてはいけません。

勤務体制の確保等

第30条　指定訪問介護事業者は、利用者に対し適切な指定訪問介護を提供できるよう、指定訪問介護事業所ごとに、訪問介護員等の勤務の体制を定めておかなければならない。

2　指定訪問介護事業者は、指定訪問介護事業所ごとに、当該指定訪問介護事業所の訪問介護員等によって指定訪問介護を提供しなければならない。

3　指定訪問介護事業者は、訪問介護員等の資質の向上のために、その研修の機会を確保しなければならない。

4　指定訪問介護事業者は、適切な指定

ヘルパー等の**職員の勤務体制の確保**について規定したものです。訪問介護サービスは、事業所ごとに当該事業所のヘルパーによって提供されなければなりません。そして、ヘルパーの資質の向上のために、研修機関が実施する研修や当該事業所内の研修への参加の機会を計画的に確保しなければなりません。

訪問介護の提供を確保する観点から、職場において行われる性的な言動又は優越的な関係を背景とした言動であって業務上必要かつ相当な範囲を超えたものにより訪問介護員等の就業環境が害されることを防止するための<u>方針の明確化等の必要な措置</u>を講じなければならない。

業務継続計画の策定等

第30条の2　指定訪問介護事業者は、<u>感染症や非常災害の発生時</u>において、利用者に対する指定訪問介護の提供を継続的に実施するための、及び非常時の体制で早期の業務再開を図るための計画（以下「業務継続計画」という。）を策定し、当該業務継続計画に従い必要な措置を講じなければならない。

2　指定訪問介護事業者は、訪問介護員等に対し、業務継続計画について周知するとともに、<u>必要な研修及び訓練を定期的に実施</u>しなければならない。

3　指定訪問介護事業者は、<u>定期的に業務継続計画の見直し</u>を行い、<u>必要に応じて業務継続計画の変更</u>を行うものとする。

業務継続計画（BCP）の作成について規定したものです。また、周知や必要な研修・訓練の定期的な実施とともに、定期的な見直し・必要に応じた変更を規定しています。

衛生管理等

第31条　指定訪問介護事業者は、<u>訪問介護員等の清潔の保持及び健康状態</u>について、必要な管理を行わなければならない。

2　指定訪問介護事業者は、指定訪問介護事業所の<u>設備及び備品等</u>について、衛生的な管理に努めなければならない。

ヘルパーの清潔の保持及び健康状態の管理について規定したものです。また、訪問介護事業所の設備及び備品等の衛生的な管理に努めることも規定しています。

3　指定訪問介護事業者は、当該指定訪問介護事業所において感染症が発生し、又はまん延しないように、次の各号に掲げる措置を講じなければならない。

一　当該指定訪問介護事業所における感染症の予防及びまん延の防止のための対策を検討する委員会（テレビ電話装置その他の情報通信機器（以下「テレビ電話装置等」という。）を活用して行うことができるものとする。）をおおむね6月に1回以上開催するとともに、その結果について、訪問介護員等に周知徹底を図ること。

二　当該指定訪問介護事業所における感染症の予防及びまん延の防止のための指針を整備すること。

三　当該指定訪問介護事業所において、訪問介護員等に対し、感染症の予防及びまん延の防止のための研修及び訓練を定期的に実施すること。

感染症対策について規定したものです。6か月に1回以上の委員会の開催、指針の整備、研修の実施、訓練の実施という義務が定められています。

掲示

第32条　指定訪問介護事業者は、指定訪問介護事業所の見やすい場所に、運営規程の概要、訪問介護員等の勤務の体制その他の利用申込者のサービスの選択に資すると認められる重要事項（以下この条において単に「重要事項」という。）を掲示しなければならない。

2　指定訪問介護事業者は、重要事項を記載した書面を当該指定訪問介護事業所に備え付け、かつ、これをいつでも関係者に自由に閲覧させることにより、前項の規定による掲示に代えることができる。

重要事項説明書は、**事業所内の見やすい場所に貼り付ける等して掲示**をしなければなりません。

3　指定訪問介護事業者は、原則として、重要事項をウェブサイトに掲載しなければならない。

重要事項等の情報を**法人のホームページ等または情報公表システム上**に掲載・公表しなければなりません（2025年度より義務付け）。

秘密保持等

第33条　指定訪問介護事業所の従業者は、正当な理由がなく、その業務上知り得た利用者又はその家族の秘密を漏らしてはならない。
2　指定訪問介護事業者は、当該指定訪問介護事業所の従業者であった者が、正当な理由がなく、その業務上知り得た利用者又はその家族の秘密を漏らすことがないよう、必要な措置を講じなければならない。
3　指定訪問介護事業者は、サービス担当者会議等において、利用者の個人情報を用いる場合は利用者の同意を、利用者の家族の個人情報を用いる場合は当該家族の同意を、あらかじめ文書により得ておかなければならない。

訪問介護事業所の従業者は、**就労時はもちろんのこと、退職後も、業務上知り得た利用者やその家族の秘密を漏らしてはなりません**。このことをしっかり説明しなければなりません。第3項は、サービス担当者会議等において、個人情報をケアマネや他のサービス担当者と共有するため、**あらかじめ、文書により利用者またはその家族から同意を得ておく必要**があることを規定したものです。ただしこれは、サービス提供開始時に利用者及びその家族から**包括的な同意を得ておくことで足ります**。

広告

第34条　指定訪問介護事業者は、指定訪問介護事業所について広告をする場合においては、その内容が虚偽又は誇大なものであってはならない。

事業所は広告により宣伝することができますが、**虚偽・誇大広告は禁止**されています。

不当な働きかけの禁止

第34条の2　指定訪問介護事業者は、居宅サービス計画の作成又は変更に関し、指定居宅介護支援事業所（中略）の介護支援

ケアプランの作成または変更に関し、**ケアマネや利用者に対して不当な働きかけをすることを禁止**したものです。

専門員又は居宅要介護被保険者（法第41条第1項に規定する居宅要介護被保険者をいう。）に対して、利用者に必要のないサービスを位置付けるよう求めることその他の不当な働きかけを行ってはならない。

居宅介護支援事業者に対する利益供与の禁止

第35条　指定訪問介護事業者は、居宅介護支援事業者又はその従業者に対し、利用者に対して特定の事業者によるサービスを利用させることの対償として、金品その他の財産上の利益を供与してはならない。

居宅介護支援の**公正中立性を確保**するために、居宅介護支援事業者またはケアマネに対し、利用者に対して特定の事業者によるサービスを利用させることの対償として、金品その他の財産上の利益を供与してはなりません。

苦情処理

第36条　指定訪問介護事業者は、提供した指定訪問介護に係る利用者及びその家族からの苦情に迅速かつ適切に対応するために、苦情を受け付けるための窓口を設置する等の必要な措置を講じなければならない。

苦情処理について規定したものです。苦情を受け付けた場合の処理について、**同条第2項から6項までに規定**されています。（詳細は本文p.122に記載）

地域との連携等

第36条の2　指定訪問介護事業者は、その事業の運営に当たっては、提供した指定訪問介護に関する利用者からの苦情に関して市町村等が派遣する者が相談及び援助を行う事業その他の市町村が実施する事業に協力するよう努めなければならない。
2　指定訪問介護事業者は、指定訪問介護事業所の所在する建物と同一の建物に居住する利用者に対して指定訪問介護を

介護相談員を派遣する事業（**介護相談員派遣事業**）を積極的に受け入れる等、市町村との密接な連携に努めることを規定したものです。なお、「その他の市町村が実施する事業」には、**老人クラブ、婦人会その他の非営利団体や住民の協力を得て行う事業**が含まれています。

提供する場合には、当該建物に居住する利用者以外の者に対しても指定訪問介護の提供を行うよう努めなければならない。

事故発生時の対応

第37条　指定訪問介護事業者は、利用者に対する指定訪問介護の提供により事故が発生した場合は、市町村、当該利用者の家族、当該利用者に係る居宅介護支援事業者等に連絡を行うとともに、必要な措置を講じなければならない。
2　指定訪問介護事業者は、前項の事故の状況及び事故に際して採った処置について記録しなければならない。
3　指定訪問介護事業者は、利用者に対する指定訪問介護の提供により賠償すべき事故が発生した場合は、損害賠償を速やかに行わなければならない。

利用者が安心して訪問介護サービスを受けられるよう、**事故発生時の対応**について規定したものです。（詳細は本文 p.112 に記載）

虐待の防止

第37条の2　指定訪問介護事業者は、虐待の発生又はその再発を防止するため、次の各号に掲げる措置を講じなければならない。
一　当該指定訪問介護事業所における虐待の防止のための対策を検討する委員会（テレビ電話装置等を活用して行うことができるものとする。）を定期的に開催するとともに、その結果について、訪問介護員等に周知徹底を図ること。
二　当該指定訪問介護事業所における虐待の防止のための指針を整備すること。
三　当該指定訪問介護事業所において、

高齢者虐待防止対策について規定したものです。虐待の発生またはその再発を防止するための委員会の開催、指針の整備、研修の実施、担当者を選定することが定められています。

訪問介護員等に対し、虐待の防止のための研修を定期的に実施すること。

四　前3号に掲げる措置を適切に実施するための担当者を置くこと。

会計の区分

第38条　指定訪問介護事業者は、指定訪問介護事業所ごとに経理を区分するとともに、指定訪問介護の事業の会計とその他の事業の会計を区分しなければならない。

会計は、**事業所ごと、事業ごとに分けなければならない**ことを規定したものです。

記録の整備

第39条　指定訪問介護事業者は、従業者、設備、備品及び会計に関する諸記録を整備しておかなければならない。

2　指定訪問介護事業者は、利用者に対する指定訪問介護の提供に関する次の各号に掲げる記録を整備し、その完結の日から2年間保存しなければならない。

一　訪問介護計画

二　第19条第2項の規定による提供した具体的なサービスの内容等の記録

三　第23条第4号の規定による身体的拘束等の態様及び時間、その際の利用者の心身の状況並びに緊急やむを得ない理由の記録

四　第26条の規定による市町村への通知に係る記録

五　第36条第2項の規定による苦情の内容等の記録

六　第37条第2項の規定による事故の状況及び事故に際して採った処置についての記録

記録の整備と保存について規定しています。**記録はサービス提供の終了時から2年間の保存が義務付けられ**ています。

以下、共生型居宅サービスと基準該当居宅サービスは省略。

訪問介護におけるサービス行為ごとの区分等について

(平成 12 年 3 月 17 日老計第 10 号)

> いわゆる老計 10 号は、訪問介護におけるサービス行為ごとの区分及び個々のサービス行為の一連の流れを例示したものです。訪問介護計画及び居宅サービス計画（ケアプラン）を作成する際の参考として活用されることが規定されています。

1 身体介護

身体介護とは、①利用者の**身体に直接接触して行う**介助サービス（そのために必要となる準備、後かたづけ等の一連の行為を含む）、②利用者の ADL・IADL・QOL や意欲の向上のために**利用者と共に行う**自立支援・重度化防止のためのサービス、③その他専門的知識・技術（介護を要する状態となった要因である心身の障害や疾病等に伴って必要となる**特段の専門的配慮**）をもって行う利用者の日常生活上・社会生活上のためのサービスをいう。(仮に、介護等を要する状態が解消されたならば不要※となる行為であるということができる。)

※例えば入浴や整容などの行為そのものは、たとえ介護を要する状態等が解消されても日常生活上必要な行為であるが、要介護状態が解消された場合、これらを「介助」する行為は不要となる。同様に、「特段の専門的配慮をもって行う調理」についても、調理そのものは必要な行為であるが、この場合も要介護状態が解消されたならば、流動食等の「特段の専門的配慮」は不要となる。

1−0 サービス準備・記録等

サービス準備は、身体介護サービスを提供する際の事前準備等として行う行為であり、状況に応じて以下のようなサービスを行うものである。

1－0－1 健康チェック

利用者の安否確認、顔色・発汗・体温等の健康状態のチェック

1－0－2 環境整備

換気、室温・日あたりの調整、ベッドまわりの簡単な整頓等

1－0－3 相談援助、情報収集・提供

1－0－4 サービス提供後の記録等

1－1 排泄・食事介助

1－1－1 排泄介助

1－1－1－1 トイレ利用

・トイレまでの安全確認→声かけ・説明→トイレへの移動（**見守りを含む**）→脱衣→排便・排尿→後始末→着衣→利用者の清潔介助→居室への移動→ヘルパー自身の清潔動作

・（場合により）失禁・失敗への対応（汚れた衣服の処理、陰部・臀部の清潔介助、便器等の簡単な清掃を含む）

1－1－1－2 ポータブルトイレ利用

・安全確認→声かけ・説明→**環境整備**（防水シートを敷く、衝立を立てる、ポータブルトイレを適切な位置に置くなど）→立位をとり脱衣（失禁の確認）→ポータブルトイレへの移乗→排便・排尿→後始末→立位をとり着衣→利用者の清潔介助→元の場所に戻り、安楽な姿勢の確保→ポータブルトイレの後始末→ヘルパー自身の清潔動作

・（場合により）失禁・失敗への対応（汚れた衣服の処理、陰部・臀部の清潔介助）

1－1－1－3 おむつ交換

・声かけ・説明→物品準備（湯・タオル・ティッシュペーパー等）→新しいおむつの準備→脱衣（おむつを開く→尿パットをとる）→陰部・臀部洗浄（皮膚の状態などの観察、パッティング、乾燥）→おむつの装着→おむつの具合の確認→着衣→汚れたおむつの後始末→使用物品の後始末→ヘルパー自身の清潔動作

・（場合により）おむつから漏れて汚れたリネン等の交換

・（必要に応じ）水分補給

1－1－2 食事介助

・声かけ・説明（覚醒確認）→安全確認（**誤飲兆候の観察**）→ヘルパー自身の清潔動作→準備（利用者の手洗い、排泄、エプロン・タオル・おしぼりなどの物品準備）→食事場所の環境整備→食事姿勢の確保（ベッド上での座位保持を含む）→配膳→メニュー・材料の説明→摂食介助（おかずをきざむ・つぶす、吸い口で水分を補給するなどを含む）→服薬介助→安楽な姿勢の確保→気分の確認→食べこぼしの処理→後始末（エプロン・タオルなどの後始末、下膳、残滓の処理、食器洗い）→ヘルパー自身の清潔動作

1－1－3 特段の専門的配慮をもって行う調理

・嚥下困難者のための流動食等の調理

1－2 清拭・入浴、身体整容

1－2－1 清拭（全身清拭）

・ヘルパー自身の身支度→物品準備（湯・タオル・着替えなど）→声かけ・説明→**顔・首**の清拭→上半身脱衣→上半身の皮膚等の観察→**上肢**の清拭→**胸・腹**の清拭→**背**の清拭→上半身着衣→下肢脱衣→下肢の皮膚等の観察→**下肢**の清拭→**陰部・臀部**の清拭→下肢着衣→身体状況の点検・確認→**水分補給**→使用物品の後始末→汚れた衣服の処理→ヘルパー自身の清潔動作

1－2－2 部分浴

1－2－2－1 手浴及び足浴

・ヘルパー自身の身支度→物品準備（湯・タオルなど）→声かけ・説明→適切な体位の確保→脱衣→皮膚等の観察→手浴・足浴→体を拭く・乾かす→着衣→安楽な姿勢の確保→水分補給→身体状況の点検・確認→使用物品の後始末→ヘルパー自身の清潔動作

1－2－2－2 洗髪

・ヘルパー自身の身支度→物品準備（湯・タオルなど）→声かけ・説明→適切な体位の確保→洗髪→髪を拭く・乾かす→安楽な姿勢の確保→

水分補給→身体状況の点検・確認→使用物品の後始末→ヘルパー自身
の清潔動作

1−2−3 全身浴

・安全確認（浴室での安全）→声かけ・説明→浴槽の清掃→湯はり→物品
準備（タオル・着替えなど）→ヘルパー自身の身支度→排泄の確認→脱
衣室の温度確認→脱衣→**皮膚等の観察**→浴室への移動→**湯温の確認**→入
湯→洗体・すすぎ→洗髪・すすぎ→入湯→体を拭く→着衣→身体状況の
点検・確認→髪の乾燥、整髪→浴室から居室への移動→水分補給→汚れ
た衣服の処理→浴槽の簡単な後始末→使用物品の後始末→ヘルパー自身
の身支度、清潔動作

1−2−4 洗面等

・洗面所までの安全確認→声かけ・説明→洗面所への移動→座位確保→物
品準備（歯ブラシ、歯磨き粉、ガーゼなど）→洗面用具準備→洗面（タ
オルで顔を拭く、歯磨き見守り・介助、うがい見守り・介助）→居室へ
の移動（見守りを含む）→使用物品の後始末→ヘルパー自身の清潔動作

1−2−5 身体整容（日常的な行為としての身体整容）

・声かけ・説明→鏡台等への移動（見守りを含む）→座位確保→物品の準
備→整容（手足の爪きり、耳そうじ、髭の手入れ、髪の手入れ、簡単な
化粧）→使用物品の後始末→ヘルパー自身の清潔動作

1−2−6 更衣介助

・声かけ・説明→着替えの準備（寝間着・下着・外出着・靴下等）→上半
身脱衣→上半身着衣→下半身脱衣→下半身着衣→靴下を脱がせる→靴下
を履かせる→着替えた衣類を洗濯物置き場に運ぶ→スリッパや靴を履か
せる

1−3 体位変換、移動・移乗介助、外出介助

1−3−1 体位変換

・声かけ、説明→体位変換（仰臥位から側臥位、側臥位から仰臥位）→良
肢位の確保（腰・肩をひく等）→安楽な姿勢の保持（座布団・パットな
どあて物をする等）→確認（安楽なのか、めまいはないのかなど）

1－3－2 移乗・移動介助

1－3－2－1 移乗

・車いすの準備→声かけ・説明→ブレーキ・タイヤ等の確認→ベッドサイドで端座位の保持→立位→車いすに座らせる→座位の確保（後ろにひく、ずれを防ぐためあて物をするなど）→フットレストを下げて片方ずつ足を乗せる→気分の確認

・その他の補装具（歩行器、杖）の準備→声かけ・説明→移乗→気分の確認

1－3－2－2 移動

・安全移動のための**通路の確保**（廊下・居室内等）→声かけ・説明→移動（車いすを押す、歩行器に手をかける、手を引くなど）→気分の確認

1－3－3 通院・外出介助

・声かけ・説明→目的地（病院等）に行くための準備→バス等の交通機関への乗降→気分の確認→受診等の手続き

・（場合により）院内の移動等の介助

1－4 起床及び就寝介助

1－4－1 起床・就寝介助

1－4－1－1 起床介助

・声かけ・説明（覚醒確認）→ベッドサイドでの端座位の確保→ベッドサイドでの起きあがり→ベッドからの移動（両手を引いて介助）→気分の確認

・（場合により）布団をたたみ押入に入れる

1－4－1－2 就寝介助

・声かけ・説明→準備（シーツのしわをのばし食べかすやほこりをはらう、布団やベッド上のものを片づける等）→ベッドへの移動（両手を引いて介助）→ベッドサイドでの端座位の確保→ベッド上での仰臥位又は側臥位の確保→リネンの快適さの確認（掛け物を気温によって調整する等）→気分の確認

・（場合により）布団を敷く

1-5　服薬介助

・水の準備→配剤された薬をテーブルの上に出し、確認（**飲み忘れないようにする**）→本人が薬を飲むのを手伝う→後かたづけ、確認

1-6　自立生活支援・重度化防止のための見守り的援助（自立支援、ADL・IADL・QOL 向上の観点から安全を確保しつつ常時介助できる状態で行う見守り等）

・ベッド上からポータブルトイレ等（いす）へ利用者が移乗する際に、**転倒等の防止のため付き添い**、必要に応じて介助を行う。

・認知症等の高齢者がリハビリパンツやパット交換を見守り・声かけを行うことにより、**一人で出来るだけ交換し後始末が出来るように**支援する。

・認知症等の高齢者に対して、ヘルパーが声かけと誘導で食事・水分摂取を支援する。

・入浴、更衣等の見守り（必要に応じて行う介助、転倒予防のための声かけ、気分の確認などを含む）

・移動時、転倒しないように側について歩く（介護は必要時だけで、事故がないように常に見守る）

・ベッドの出入り時など自立を促すための声かけ（声かけや見守り中心で必要な時だけ介助）

・本人が自ら適切な服薬ができるよう、服薬時において、直接介助は行わずに、**側で見守り、服薬を促す。**

・**利用者と一緒に手助けや声かけ及び見守りしながら**行う掃除、整理整頓（安全確認の声かけ、疲労の確認を含む）

・ゴミの分別が分からない利用者と一緒に分別をしてゴミ出しのルールを理解してもらう又は思い出してもらうよう援助

・認知症の高齢者の方と一緒に冷蔵庫のなかの整理等を行うことにより、**生活歴の喚起**を促す。

・洗濯物を一緒に干したりたたんだりすることにより自立支援を促すとともに、転倒予防等のための見守り・声かけを行う。

・利用者と一緒に手助けや声かけ及び見守りしながら行うベッドでのシーツ交換、布団カバーの交換等
・利用者と一緒に手助けや声かけ及び見守りしながら行う衣類の整理・被服の補修
・利用者と一緒に手助けや声かけ及び見守りしながら行う調理、配膳、後片付け（安全確認の声かけ、疲労の確認を含む）
・車イス等での移動介助を行って店に行き、**本人が自ら品物を選べるよう**援助
・上記のほか、安全を確保しつつ常時介助できる状態で行うもの等であって、利用者と訪問介護員等がともに日常生活に関する動作を行うことが、ADL・IADL・QOL向上の観点から、利用者の自立支援・重度化防止に資するものとしてケアプランに位置付けられたもの

2 生活援助

生活援助とは、身体介護以外の訪問介護であって、掃除、洗濯、調理などの日常生活の援助（そのために必要な一連の行為を含む）であり、利用者が単身、家族が障害・疾病などのため、本人や家族が家事を行うことが困難な場合に行われるものをいう。（生活援助は、**本人の代行的なサービス**として位置づけることができ、仮に、介護等を要する状態が解消されたとしたならば、本人が自身で行うことが基本となる行為であるということができる。）
※次のような行為は生活援助の内容に含まれないものであるので留意すること。
①商品の販売・農作業等生業の援助的な行為
②直接、本人の日常生活の援助に属しないと判断される行為

2-0 サービス準備等

サービス準備は、生活援助サービスを提供する際の事前準備等として行う行為であり、状況に応じて以下のようなサービスを行うものである。

2−0−1 健康チェック

利用者の安否確認、顔色等のチェック

2−0−2 環境整備

換気、室温・日あたりの調整等

2−0−3 相談援助、情報収集・提供

2−0−4 サービスの提供後の記録等

2−1 掃除

・居室内やトイレ、卓上等の清掃

・ゴミ出し

・準備・後片づけ

2−2 洗濯

・洗濯機または手洗いによる洗濯

・洗濯物の乾燥（物干し）

・洗濯物の取り入れと収納

・アイロンがけ

2−3 ベッドメイク

・利用者不在のベッドでのシーツ交換、布団カバーの交換等

2−4 衣類の整理・被服の補修

・衣類の整理（夏・冬物等の入れ替え等）

・被服の補修（ボタン付け、破れの補修等）

2−5 一般的な調理、配下膳

・配膳、後片づけのみ

・一般的な調理

2−6 買い物・薬の受け取り

・日常品等の買い物（内容の確認、品物・釣り銭の確認を含む）

・薬の受け取り

指定訪問介護事業所の事業運営の取扱等について　（別紙のみ）

（平成 12 年 11 月 16 日老振第 76 号）

一般的に介護保険の生活援助の範囲に含まれないと考えられる事例

１．「直接本人の援助」に該当しない行為

主として家族の利便に供する行為又は家族が行うことが適当であると判断される行為

- ・利用者以外のものに係る洗濯、調理、買い物、布団干し
- ・主として利用者が使用する居室等以外の掃除
- ・来客の応接（お茶、食事の手配等）
- ・自家用車の洗車・清掃　等

２．「日常生活の援助」に該当しない行為

①訪問介護員が行わなくても日常生活を営むのに支障が生じないと判断される行為

- ・草むしり
- ・花木の水やり
- ・犬の散歩等ペットの世話　等

②日常的に行われる家事の範囲を超える行為

- ・家具・電気器具等の移動、修繕、模様替え
- ・大掃除、窓のガラス磨き、床のワックスがけ
- ・室内外家屋の修理、ペンキ塗り
- ・植木の剪定等の園芸
- ・正月、節句等のために特別な手間をかけて行う調理　等

介護報酬　訪問介護費（主なもの）

基本報酬（1回につき）

身体介護が中心である場合	所要時間20分未満の場合	163単位
	所要時間20分以上30分未満の場合	244単位
	所要時間30分以上1時間未満の場合	387単位
	所要時間1時間以上の場合	1時間で567単位＋所要時間30分を増すごとに82単位
生活援助が中心である場合	所要時間20分以上45分未満の場合	179単位
	所要時間45分以上の場合	220単位
	身体介護に引き続き生活援助を行った場合	所要時間が20分から起算して25分を増すごとに65単位を加算(195単位が限度)
通院等の乗車・乗降介助	1回ごと	97単位

加算

初回加算（1月につき）	200単位	新規に訪問介護計画を作成した利用者に対して、初回（もしくは初回の属する月の）訪問において、サ責が自ら訪問する場合、またはほかのヘルパーにサ責が同行して訪問した場合
緊急時訪問介護加算（1回につき）	100単位	利用者や家族等からの要請を受けて、サ責がケアマネと連携して、ケアマネが必要と認めた場合、ケアプランや訪問介護計画にない身体介護を、要請を受けてから24時間以内に行った場合
2人のヘルパー等による場合（1回につき）	所定単位数の200％で算定	1人の利用者に対して、利用者や家族の同意を得て、2人のヘルパー等が重介護のサービス等を行った場合
夜間・早朝加算（1回につき）	所定単位数の25％を加算	サービス開始時刻が夜間（18〜22時）または早朝（6〜8時）に該当した場合
深夜加算（1回につき）	所定単位数の50％を加算	サービス開始時刻が深夜（22〜6時）に該当した場合

介護職員等処遇改善加算（1月につき） ※2024年6月から適用 ※2025年3月末まで算定可能な加算Vもある	Ⅰ：所定単位数の24.5％を加算	Ⅱに加え、以下の要件を満たすこと。 ・経験技能のある介護職員を事業所内で一定割合以上配置していること（訪問介護の場合、介護福祉士30％以上）
	Ⅱ：所定単位数の22.4％を加算	Ⅲに加え、以下の要件を満たすこと。 ・職場環境等要件からそれぞれ2つ以上（生産性向上は必須項目2つを含む3つ以上）を満たす 【キャリアパス要件】 (4)改善後の賃金年額440万円以上が1人以上 【見える化要件】 特定加算に基づく取組について、HPへの掲載等により公表
	Ⅲ：所定単位数の18.2％を加算	Ⅳに加え、以下の要件を満たすこと。 【キャリアパス要件】 (3)資格や勤続年数等に応じた昇給の仕組みの整備
	Ⅳ：所定単位数の14.5％を加算	・加算Ⅳの1／2（7.2％）以上を月額賃金で配分 【職場環境等要件】 「入職促進に向けた取組」「資質の向上やキャリアアップに向けた支援」「両立支援・多様な働き方の推進」「腰痛を含む心身の健康管理」「生産性向上のための業務改善の取組」「やりがい・働きがいの醸成」からそれぞれ1以上（生産性向上は2つ以上）を満たす 【キャリアパス要件】 (1)任用要件と賃金体系整備 (2)研修実施または研修機会の確保

特定事業所加算	Ⅰ：所定単位数の20％を加算	【体制要件】 (1)訪問介護員等・サービス提供責任者ごとに作成された研修計画に基づく研修の実施 (2)利用者に関する情報又はサービス提供に当たっての留意事項の伝達等を目的とした会議の定期的な開催 (3)利用者情報の文書等による伝達、訪問介護員等からの報告 (4)健康診断等の定期的な実施 (5)緊急時等における対応方法の明示 (6)病院、診療所又は訪問看護ステーションの看護師との連携により、24時間連絡できる体制を確保しており、かつ、必要に応じて訪問介護を行うことができる体制の整備、看取り期における対応方針の策定、看取りに関する職員研修の実施等

特定事業所加算	Ⅰ：所定単位数の20％を加算	【人材要件】 （9）訪問介護員等のうち介護福祉士の占める割合が30％以上、又は介護福祉士、実務者研修修了者、並びに介護職員基礎研修課程修了者及び1級課程修了者の占める割合が50％以上 （10）全てのサービス提供責任者が3年以上の実務経験を有する介護福祉士、又は5年以上の実務経験を有する実務者研修修了者若しくは介護職員基礎研修課程修了者若しくは1級課程修了者 【重度者等対応要件】 （13）利用者のうち、要介護4、5である者、日常生活自立度（Ⅲ、Ⅳ、M）である者、たんの吸引等を必要とする者の占める割合が20％以上　又は （14）看取り期の利用者への対応実績が1人以上であること（併せて体制要件（6）の要件を満たすこと）
	Ⅱ：所定単位数の10％を加算	【体制要件】Ⅰの（1）～（5）と同様 【人材要件】Ⅰの（9）または（10）のいずれか
	Ⅲ：所定単位数の10％を加算	【体制要件】Ⅰの（1）～（6）と同様 【人材要件】 (11) サービス提供責任者を常勤により配置し、かつ、基準を上回る数の常勤のサービス提供責任者を1人以上配置していること　又は (12) 訪問介護員等の総数のうち、勤続年数7年以上の者の占める割合が30％以上であること 【重度者等対応要件】Ⅰの（13）または（14）のいずれか
	Ⅳ：所定単位数の3％を加算	【体制要件】Ⅰの（1）～（5）と同様 【人材要件】Ⅲの（11）または（12）のいずれか
	Ⅴ：所定単位数の3％を加算	【体制要件】Ⅰの（1）～（5）と同様 （7）通常の事業の実施地域内であって中山間地域等に居住する者に対して、継続的にサービスを提供していること （8）利用者の心身の状況またはその家族等を取り巻く環境の変化に応じて、訪問介護事業所のサービス提供責任者等が起点となり随時、介護支援専門員、医療関係職種等と共同し、訪問介護計画の見直しを行っていること

減算

高齢者虐待防止措置 未実施減算 （1回につき）	所定単位数の 1％を減算	虐待の発生又はその再発を防止するための以下の措置が講じられていない場合 ・虐待の防止のための対策を検討する委員会（オンライン可）を定期的に開催するとともに、その結果について、従業者に周知徹底すること ・虐待の防止のための指針を整備すること ・従業者に対し、虐待の防止のための研修を定期的に実施すること ・上記措置を適切に実施する担当者を置くこと
業務継続計画未策定減算 （1回につき） ※2025年4月から適用 予定	所定単位数の 1％を減算	以下の基準に適合していない場合 ・感染症や非常災害の発生時において、業務継続計画（利用者に対するサービスの提供を継続的に実施するため及び非常時の体制で早期の業務再開を図るための計画）を策定すること ・当該業務継続計画に従い必要な措置を講ずること
共生型訪問介護を 行う場合 （1回につき）	所定単位数の 70％で算定	居宅介護事業所で障害者居宅介護従業者基礎研修課程修了者等が行う場合
	所定単位数の 93％で算定	居宅介護事業所で重度訪問介護従業者養成研修修了者が行う場合
	所定単位数の 93％で算定	重度訪問介護事業所が行う場合
同一建物居住者へ サービス提供する場合 （1回につき）	①所定単位数の90％で算定	事業所と同一敷地内又は隣接する敷地内に所在する建物に居住する者（②及び④に該当する場合を除く）
	②所定単位数の85％で算定	上記の建物のうち、当該建物に居住する利用者の人数が1月あたり50人以上の場合
	③所定単位数の90％で算定	上記①以外の範囲に所在する建物に居住する者（当該建物に居住する利用者の人数が1月あたり20人以上）
	④所定単位数の88％で算定	正当な理由なく、事業所において、前6月間に提供した訪問介護サービスの提供総数のうち、事業所と同一敷地内又は隣接する敷地内に所在する建物に居住する者（②に該当する場合を除く）に提供されたものの占める割合が100分の90以上である場合

さくいん

さくいん

175

本書に関する正誤等の最新情報は、下記のアドレスでご確認ください。

http://www.s-henshu.info/saseki2405/

　上記掲載以外の箇所で正誤についてお気づきの場合は、**書名・発行日・質問事項（該当ページ・行数などと誤りだと思う理由）・氏名・連絡先**を明記のうえ、お問い合わせください。

・web からのお問い合わせ：上記アドレス内【正誤情報】へ
・郵便または FAX でのお問い合わせ：下記住所または FAX 番号へ
※電話でのお問い合わせはお受けできません。

[宛先] コンデックス情報研究所
「はじめてのサービス提供責任者」係
　住　　　所：〒 359-0042 所沢市並木 3-1-9
　FAX 番号：04-2995-4362 (10:00 ～ 17:00　土日祝日を除く)

※**本書の正誤以外に関するご質問にはお答えいたしかねます。**
※回答日時の指定はできません。また、ご質問の内容によっては回答まで 10 日前後お時間をいただく場合があります。
あらかじめご了承ください。

■ 編　　著：コンデックス情報研究所
　　　　　　1990 年 6 月設立。法律・福祉・技術・教育分野において、書籍の企画・執筆・編集、大学および通信教育機関との共同教材開発を行っている研究者・実務家・編集者のグループ。

■ イラスト：ひらのんさ、岡田　行生

■ 企画編集：成美堂出版編集部

はじめてのサービス提供責任者

2024年 6 月30日発行

編　著　コンデックス情報研究所（じょうほう けんきゅうしょ）

発行者　深見公子

発行所　成美堂出版
　　　　〒162-8445　東京都新宿区新小川町1-7
　　　　電話(03)5206-8151　FAX(03)5206-8159

印　刷　大盛印刷株式会社

©SEIBIDO SHUPPAN 2024　PRINTED IN JAPAN
ISBN978-4-415-33423-3